Os homens (às vezes, infelizmente) sempre voltam

Penélope Parker

Os homens (às vezes, infelizmente) sempre voltam

Tradução de Marlova Aseff

L&PM EDITORES

Título original: *Los hombres (a veces, por desgracia) siempre vuelven*

Tradução: Marlova Aseff
Capa: Ivan Pinheiro Machado sobre ilustração de Bebel Callage
Revisão: Bianca Pasqualini e Patrícia Rocha

CIP-BRASIL. CATALOGAÇÃO-NA-FONTE
SINDICATO NACIONAL DOS EDITORES DE LIVROS, RJ.

P262h Parker, Penélope
Os homens (às vezes, infelizmente) sempre voltam / Penélope Parker; tradução de Marlova Aseff. – Porto Alegre, RS: L&PM Editores, 2008.
192p. : 21cm

Título original: *Los hombres (a veces, por desgracia) siempre vuelven*
ISBN 978-85-254-1757-2

1. Relações homem-mulher. 2. Separação (Psicologia). 3. Mulheres - Psicologia. 4. Reconciliação. I. Título.

08-0798. CDD: 306.872
CDU: 392.6

Rua Comendador Coruja, 314, loja 9 – Floresta – 90.220-180
Porto Alegre – RS – Brasil / Fone: 51.3225.5777 – Fax: 51.3221-5380

PEDIDOS & DEPTO. COMERCIAL: vendas@lpm.com.br
FALE CONOSCO: info@lpm.com.br
www.lpm.com.br

Impresso no Brasil
Outono de 2008

Índice

Terceira parte

SER TOTALMENTE PARKER

Prólogo

A primeira vez que vi Penélope Parker, ela estava sentada no tamborete de um mercadinho de Shangai. Rodeada por uma nuvem de vendedores chineses, pechinchava com entusiasmo o preço de alguns *qipaos* de seda. Nós nos apresentamos em seguida, duas mulheres ocidentais praticamente da mesma idade. Mais tarde, eu soube que ela estava na China reunindo informações para um livro, o mesmo que agora tenho a satisfação de apresentar.

Pouco depois desse primeiro encontro, me deparei com ela em Paris. Ainda lembro o enorme esforço que tive de fazer para ser cortês ao aceitar o convite para visitá-la no hotel. Meu marido acabara de me abandonar depois de seis anos de casamento, e, ainda que eu tenha ido ao encontro decidida a não falar nesse assunto, naquela noite terminei desabafando com ela. Falei da minha frustração por não ter tido a coragem de dizer tudo o que eu pensava sobre ele.

Contei também que continuava apaixonada e que não sabia como voltaria a ser feliz. "Não se preocupe – ela me disse, enquanto remexia um martíni com um raminho de aneto –, tenho certeza de que voltará a vê-lo. Ele voltará ainda que você não queira; mesmo que você não se importe mais com isso. Acredite em mim, Claire, os homens – às vezes, infelizmente – sempre voltam."

Naquele momento sorri, pedi outro martíni e, claro, não acreditei nela.

Meses depois daquela conversa, fui obrigada a viajar ao Brasil por algumas semanas. Ao partir, deixei gravada na secretária eletrônica da minha casa uma mensagem com o endereço do meu hotel no Rio de Janeiro, ainda que a minha família e os meus amigos soubessem perfeitamente como me localizar. Agora que tudo já passou, não me importo em reconhecer por que razão fiz aquilo. Sabia que minha permanência no Brasil coincidiria com meu aniversário, o de número 33, o primeiro sem meu marido ao lado. Por algum motivo, naquele instante, lembrei as palavras de Penélope. Não saberia explicar o porquê, mas logo ficou claro que, se havia um momento para ele reaparecer, era aquele.

Por esse motivo, quando na madrugada do meu aniversário voltei ao hotel e vi uma luz vermelha piscando no telefone, pensei que estava sonhando. Sentada na cama, a milhares de quilômetros de casa, tive por fim a confirmação do que havia escutado em Paris. Depois de onze meses de silêncio, ali estava ele, desesperado, explicando pela secretária eletrônica o quanto sentia a minha falta e o quanto desejava voltar a me ver. Quando a mensagem terminou, peguei o telefone, chamei o serviço de quarto e pedi uma garrafa de champanhe gelada. Depois, me atirei na cama, levantei o fone e liguei para Penélope Parker.

CLAIRE VASSÈ
Praga, 15 de janeiro de 2005

Introdução

> Examinai tudo e ficai com o que é bom.
>
> Paulo de Tarso, 1 Ts: 5,21

Certo dia de abril, enquanto comia sem vontade uma salada de frutas no café-da-manhã na minha suíte do hotel Negresco, em Nice, fiz uma das descobertas mais importantes da minha vida. Naquela manhã, depois de repassar mentalmente os rompimentos amorosos que eu havia experimentado até então e de enfrentar a aterradora idéia de que eu teria de acrescentar mais um à lista, me dei conta que ninguém, absolutamente ninguém, poderia me dizer o que eu precisava ouvir naquelas circunstâncias.

A princípio, não me rendi às evidências e, como em ocasiões anteriores, percorri as livrarias de meio mundo em busca de respostas. Foi um esforço inútil. Como muitas outras pessoas na minha situação, terminei descobrindo que todos aqueles volumes seguiam um mesmo padrão. Obra após obra, capítulo após capítulo, psicólogos e terapeutas de todas as escolas e nacionalidades falavam da melhor forma de superar uma separação, sem ao menos variar uma linha. Primeiro, descreviam a fase do luto; depois, a aceitação da dor e, por fim, o temível momento de deixar tudo para trás.

O problema é que nenhum daqueles eruditos parecia estar consciente de um detalhe fundamental. Eu simplesmente não queria deixar tudo para trás. Por alguma estranha razão, o que eu queria era justamente o contrário: que ele voltasse já, sem demora, o quanto antes, melhor. O que eu precisava na verdade, admiti numa tarde ao sair de uma velha livraria no subúrbio da Cidade do Cabo, era de um manual de instruções que me explicasse como, quando e por que ele iria regressar.

O passo seguinte foi mais simples. Abandonei meu trabalho durante um tempo, me tranquei na velha casa de campo dos Parker e comecei a trabalhar num método de atuação próprio. Por mais de um ano, refleti sobre as minhas experiências amorosas e as de dezenas de mulheres de diferentes nacionalidades, idades e profissões que me brindaram com suas histórias e depositaram sua confiança em mim.

De todas essas histórias e de todas essas confidências, tirei uma conclusão. Depois, elaborei um método: o método Parker.

A conclusão, que se resume no título desta obra, é que os homens que abandonam suas companheiras voltam sempre e invariavelmente quando se dão duas condições: a primeira é que os tenhamos deixado partir sem pressões nem reprimendas; a segunda, que a mulher abandonada seja forte o suficiente e esteja decidida a refazer sua vida.

O método para conseguir que ocorram essas condições se nutre de grandes doses de auto-estima, resistência, disciplina e estratégia. Ambos, conclusão e método, estão reunidos neste livro, acompanhados de casos práticos.

Antes de terminar estas linhas, quero confessar algo a vocês. Ninguém me ensinou em aulas o que vou explicar nesta obra. Minha passagem pela universidade foi de grande ajuda num grande número de ocasiões, mas nenhuma vez serviu para resolver minha vida sentimental. Devo advertir também sobre o que este livro não é. Este livro não é uma receita mágica e muito menos um tratado pedagógico. Não solucionará por si só o seu problema de auto-estima, tampouco resolverá os seus conflitos com o corpo, suas batalhas com os homens ou sua tendência à autocomiseração.

Este livro não é mais do que uma simples ferramenta, mas, se fizerem o esforço de aprender a utilizá-la, verão como pouco a pouco o mapa-múndi de vocês começará a mudar. Onde agora está o norte, no futuro encontrarão o sul; onde antes estava o leste, agora verão o oeste. Conseguir dar uma virada no seu atlas sentimental, esse é o objetivo deste livro.

Se estiverem dispostas, levantem a cabeça, respirem fundo e me sigam.

Vocês se tornarão verdadeiras garotas Parker.

Primeira parte

A ORIGEM DAS GAROTAS PARKER

Capítulo 1

Siga-me e tudo sairá bem.

J.M. Barrie, *Peter Pan e Wendy*

Uma pequena viagem com lápis e papel

A memória é uma eficiente ferramenta de seleção. Nós a treinamos para reter certos fenômenos e, por isso mesmo, ela se torna totalmente inútil quando se trata de gravar outros tantos. Assim como algumas pessoas descobrem que o mundo está cheio de míopes quando o oculista lhes prescreve óculos, a maioria de nós, mulheres, fixa na mente os fracassos sentimentais, nossos e de nossas amigas, mas quase nunca se dedica a analisar algo tão simples como o que aconteceu depois, logo após o momento em que a última das feridas da separação terminou de cicatrizar. E isso é especialmente verdadeiro quando esse "depois" ocorre meses, até anos mais tarde.

O que aconteceu depois? Trata-se de uma pergunta simples, mas que encerra uma informação crucial. E, para demonstrar, vou propor um pequeno exercício de introspecção. Seja qual for a sua idade, se você está lendo este livro é porque há ou houve em sua vida algum rompimento amoroso traumático, e isso é tudo do que precisamos para este exercício. Preparada? Pegue uma folha de papel, uma caneta e comece a enumerar os nomes dos namorados, amantes ou maridos que passaram por sua vida e deixaram você na mão. Assegure-se de não deixar nada na manga, por mais que pareça doloroso ou insignificante. Sim, aquele garoto trêmulo do primeiro ano da universidade, que uma noite confessou que gostava de você e no dia seguinte fugiu como uma enguia, também conta. O mesmo vale para aquele lamentável ex-marido imerso num processo de evasão fiscal. Ou para o namorado que se mandou alegremente com a sua melhor amiga do colégio enquanto você se agachava para amarrar os sapatos.

Agora, depois de anotar junto a cada nome o que aconteceu depois do rompimento, marque com um *xis* os que se arrependeram da decisão de abandonar você. Ainda que eu não esteja ao seu lado para comprovar, tenho certeza de que ao menos um desses homens se comportou exatamente assim. Caso contrário, tente fazer o exercício com a vida amorosa de suas amigas. Você agora tem a comprovação do que eu digo, não é?

O que esse jogo revela é que, por algum desígnio do destino, a maioria dos homens se conduz pela vida munida de uma espécie de "segundo tempo" sentimental a tiracolo. Claro, não é uma regra infalível. Há muitos namorados, amantes e maridos que, uma vez rompida a relação, não voltam para as nossas vidas, mas em numerosas ocasiões o processo é o seguinte: eles abrem a porta para ir embora, depois de um tempo nós a fechamos, e, em poucos meses ou até depois de vários anos, ali estão de novo no umbral, tão descansados, do mesmo jeito que os deixamos. O regresso, às vezes, é momentâneo; em outras, acaba sendo definitivo. Há ocasiões em que eles encontram suas namoradas, amantes e esposas esperando com os braços abertos; com freqüência as encontram, sim, mas nos braços de outro.

A grande pergunta é: por que os homens fazem isso? Alguns terapeutas, como o célebre John Gray em seu *best-seller Homens são de Marte, Mulheres são de Vênus*, sugerem que os homens se comportam como um tipo de borracha elástica, de maneira que, de tempos em tempos, se afastam de sua parceira e, se não forem pressionados a retornar, se reaproximam de forma natural. Deixando de lado o fato de que o conceito de borracha elástica não é muito lisonjeiro à dignidade masculina, há um aspecto irrefutável nessa teoria. Se você revisar de novo essa lista de homens que a abandonaram para depois retornar, descobrirá um traço comum em todos eles: se trata de homens que não foram perseguidos, pressionados nem encurralados quando decidiram partir.

Isso, que pode parecer um detalhe pouco transcendente, é a chave que está por trás de todo o método Parker. É a peça central do quebra-cabeça, e sem ela toda a estrutura desmorona sem remédio. À primeira vista, é uma idéia bastante simples: se você deseja que um homem que a abandonou volte para os seus braços, primeiro deve deixar ele ir. Parece fácil, não? Pois não é. Exige disciplina, firmeza e autodomínio, qualidades pouco abundantes em mulheres apaixonadas e abandonadas.

Como você já adivinhou, neste livro aprenderá como adquirir essas habilidades.

Você se transformará, sem ao menos perceber,
num modelo de garota Parker.

Primeira confidência Parker

Como todas as mulheres cujas histórias aparecem refletidas neste livro, eu também experimentei o curioso fenômeno do homem que volta. Quando comecei a planejar esta obra, tive um sério debate comigo mesma sobre se devia ou não falar das minhas próprias vivências no livro, tal como fiz com as experiências do restante das mulheres. Por fim, cheguei à conclusão de que não seria honesto expor essas histórias e ao mesmo tempo esconder as minhas experiências, sendo que foram precisamente elas que me levaram a escrever esta obra.

Aconteceu há vários anos, quando eu ainda estava na universidade. Num verão, depois de uma intensa relação de um ano e meio, meu namorado me abandonou de maneira inesperada e sem uma pitada de elegância. Ele fez isso da noite para o dia e, como costuma acontecer nesses casos, sem dar uma única explicação. No dia anterior (anote esse detalhe porque é um clássico no mundo dos rompimentos), ele havia confessado quão incrivelmente, quão profundamente apaixonado estava. No dia seguinte, ou talvez dez minutos mais tarde, parece que ele não pensava mais assim.

Naquela época, eu não era de modo algum uma mulher experiente, então pensei que o rompimento era para sempre. Envolta num mar de soluços, me refugiei na casa que uma tia-avó possui no vale de Franschhoek, na África do Sul. Ali descansei entre os vinhedos, perambulei em busca de antiguidades holandesas e curei meu coração ferido com martínis com aneto. Quando retornei, no mês de setembro, ele estava no aeroporto, agitando uma valiosa pulseira *art déco* que fazia as vezes de bandeira branca.

Mais tarde eu soube que a pulseira havia sido escolhida pela mãe dele.

Embora aquele encontro já não pressagiasse nada de bom, durante os meses seguintes ele tentou outras vezes. Explicou que havia se assustado, que se sentia perdido, que estava apaixonado demais, que tinha medo. Explicou tudo o que um garoto de vinte anos pode explicar à ex-namorada para que ela volte. Mas eu já não era capaz de voltar atrás. Simplesmente, havia deixado de confiar nele.

Pouco tempo depois, fui estudar numa universidade dos Estados Unidos e conheci aquele que seria meu namorado durante os seis anos seguintes. O obstinado ex seguiu escrevendo e telefonando até que, cansado de não obter nenhuma resposta, iniciou uma nova relação e, um ano mais tarde, decidiu se casar. Conforme se aproximava a data do casamento, suas mensagens e telefonemas não cessaram como se tornaram mais freqüentes. Uma vez celebrada a cerimônia, o processo continuou. Só quando nasceu o primeiro filho dele, as mensagens e os telefonemas terminaram por completo.

Quatro anos após essa data, certa manhã, me surpreendi pensando nele. A caminho do trabalho, lembro que achei estranho me recordar dele assim, de repente e sem motivo. Quando vinte minutos mais tarde cheguei ao meu escritório, vi que na tela do computador piscava uma mensagem. Não saberia explicar por que, mas não me surpreendeu descobrir que era dele. Era uma mensagem encantadora de apenas duas linhas, assinada pelo "homem para quem você não deu uma segunda chance".

Acredite, sempre voltam.

Por que este livro fala mais de rompimentos do que de reencontros?

Não sei o que você faz, mas eu, quando pego um livro, a primeira coisa que faço é ler a primeira frase da primeira página e a última frase da última página. Depois, examino o índice. E, se gosto do que vejo, mergulho no texto como numa banheira de água quente.

Se você observou o índice deste livro, talvez tenha se surpreendido com o grande número de capítulos destinados aos rompimentos e à recuperação, e o pouco espaço ocupado pela volta do homem que partiu. A explicação é muito simples. O método Parker parte da premissa de que essa volta se dará ou não em função de como tenha sido o rompimento e de como tenha sido a recuperação.

Se você tem dezesseis ou vinte anos, os primeiros capítulos deste livro lhe ensinarão que o único rompimento que parece insuperável é o primeiro. Mostrarão que, se você supera um, saberá que pode superar os demais.

No entanto, se você já é uma mulher, uma mulher jovem ou inclusive madura, talvez o que lhe falte aprender seja outra coisa. É provável que você precise perceber que a sorte é seguidamente uma conseqüência natural do otimismo, da coragem e da vontade de viver, e não o contrário. Ou talvez você precise aprender a fechar a porta de uma vez, ao menos momentaneamente, inclusive batendo-a bem forte, para poder abri-la depois.

Ainda que o objetivo deste livro seja ensinar você a alcançar o equilíbrio a fim de que as coisas comecem a mudar, o caminho até o equilíbrio é longo. Por isso, esta obra dedica tanto tempo aos homens, às mulheres, aos seus rompimentos, às suas recuperações e, finalmente, mas só finalmente, aos seus reencontros.

Sim, agora sim, você está preparada
para seguir lendo.

Capítulo 2

> Não deverá haver erros na vida desta Betsey Trotwood. Não brincarão com seus afetos, pobrezinha.
>
> Charles Dickens, *David Copperfield*

Alguns falsos mitos sobre eles e elas

Para uma garota Parker, o mundo se divide entre dois tipos de mulheres: as que dão conselhos e as que os recebem. Entre as primeiras, há uma nova divisão: metade detesta os homens, e a outra os adora. As mulheres que odeiam os homens costumam argumentar que têm uma boa razão para isso. Endurecidas e irritadas, seguidamente contam as suas experiências ruins e culpam as suas relações falidas pela dor que as inunda e por tudo de ruim que ocorre na vida delas.

Na realidade, não há dúvida de que essas mulheres podem ter o legítimo direito a odiar e a depreciar um, dois, três, dez homens específicos, mas não todos os demais. Para perceber isso, basta fazer uma reflexão tão simples como lembrar quantas amigas falharam conosco ao longo de nossa vida e como, apesar disso, não odiamos todas as mulheres.

As mulheres que odeiam os homens se caracterizam por aconselhar as outras a jamais depositar suas esperanças num coração masculino. Com um sorriso malicioso e um olhar compassivo, turvam as ilusões do restante das mulheres com um gesto de sóbria auto-suficiência. O argumento das mulheres que odeiam os homens é que se uma mulher necessita de um homem, caso se abra completamente para ele, se lhe entregar o coração, então, ele a abandonará. É assim e fim de conversa. Ocorreu durante séculos. Não há nada a fazer.

É claro que esse tipo de mulher tem razão até certo ponto. Todas nós conhecemos pessoas que gastam toda a artilharia numa relação quando ela está apenas no começo. Obsessivas com esse diabo que sussurra, como o coelho branco de Carroll, "é tarde, é tarde", entregam, sonham, exigem, interrogam e, em menos de um mês, destroem a relação em que se encontram.

Minha amiga Sophie, uma mulher neozelandesa atraente, encantadora e inteligente que conheci na Cidade do México, me telefonou uma manhã quando fazia só um mês que estava saindo com um homem e me perguntou se era muito cedo para dizer que o amava. "Mas se você está com ele há apenas um mês – respondi ainda com a máscara para dormir sobre os olhos – como, criatura, já sabe que o ama?" Do outro lado da linha, Sophie insistiu com firmeza que sim, sabia. Tinha certeza, havia pensado muito, não tinha dúvida.

Dois meses depois dessa conversa matinal, aquele indivíduo a abandonou. Com uma falta de classe que nem ela nem eu nunca esqueceremos, rompeu o relacionamento com um triste cartão vertido por debaixo da porta. Uma noite, enquanto jantávamos num pequeno restaurante na colônia Condessa, ao sul da cidade, lembrei à Sophie de sua entusiasmada afirmação do primeiro mês. Depois de meditar por um instante, ela reconheceu que se apressar nas relações era um defeito que tinha dificuldade para superar. "É que, se eu me controlasse, não seria eu", ela disse, "e suponho que devemos ser nós mesmas nas relações, não é?" Lembro que a encarei com seriedade e, depois, disse: "Mas não desde o começo. Por quanto tempo você veio às minhas festas e aceitou meus martínis com aneto antes de ousar me dizer que os achava intragáveis?"

Em que pese o fato de que as *sophies* deste mundo precisem aprender a observar como se desenrolam os acontecimentos antes de mergulhar de cabeça numa piscina gelada, as mulheres que odeiam os homens não têm razão. Pensar que, se uma mulher ama um homem, ele vai necessariamente abandoná-la é se condenar a viver sem amor. Por essa razão, a próxima vez que você receber um desses dardos envenenados em forma de recomendação, faça um favor a si mesma e lembre que ninguém, muito menos uma mulher despeitada, tem o direito de dizer o que você deve fazer.

Aceite conselhos, mas os aceite só quando coincidam com o que você no fundo já sabe.

E sim, isso também serve para este livro.

Algumas verdades Parker sobre o mesmo tema

Quando a fabulosa Emma Woodhouse de Jane Austen explica para a sua amiga Harriet por que uma mulher rica não deve se preocupar em absoluto com a possibilidade de ficar solteira, ela não sabe que o amor está a ponto de chegar à sua vida. "Uma mulher solteira com uma renda muito pequena só pode ser uma solteirona ridícula, desagradável; alvo apropriado para as piadas das crianças; mas uma mulher solteira com uma boa fortuna é sempre respeitável", explica Emma a Harriet, uma jovem sem fortuna e sem talento. Exatamente na outra esquina, nós sabemos, aguarda por ela, prestes a entrar em cena, o amor firme e sincero do seu amigo, o sr. Knigthley. Emma desconhece esse fato, mas, ao contrário de Harriet, não se sente pressionada a procurar um marido. Tem fortuna e pode se manter sem a ajuda de um homem. Transposto para o princípio do século XIX, este é o esquema de vida de muitas mulheres contemporâneas: independentes do ponto de vista econômico e, portanto, capazes de se manter por si mesmas. Por que, então, o vulgar medo de não se casar segue atormentando tantas dessas mulheres?

Estar apaixonada é maravilhoso, todas sabemos. É uma experiência intensa e enriquecedora. Precisamente por isso é espantoso descobrir quantas mulheres abrem mão dessa aventura para se fixar numa obsessão idêntica: agarrar um homem com o único objetivo de ter no dedo uma aliança – simbólica ou real, quanto antes, melhor. Ainda que a relação não seja exatamente um mar de calma e felicidade; ainda que, às vezes, se sintam incompreendidas e infelizes; ainda que os jantares nos restaurantes estejam cheios de silêncios. Não importa, é preciso formalizar a relação, é preciso colocar a coleira. Não há tempo a perder.

No entanto, o amor não se mede unicamente pelo rasteiro do compromisso, apesar de que todas nos sentiríamos mais seguras se assim fosse. Basta dar uma olhada ao redor para perceber que o mundo está cheio de pessoas aprisionadas em relações infelizes, sejam elas um namoro ruim, um casamento lamentável ou uma tensa relação de convivência. Homens e mulheres infelizes que se perguntam seguidamente se fora das suas vidas existe algo diferente, mas que não têm a coragem necessária para sair e descobrir. A mulher, para esses homens, e o homem, para essas mulheres, são apenas um seguro, um suporte, uma amarga tábua de salvação.

Perder um homem a quem se ama profundamente é muito doloroso. Mas não gostar do homem que se tem ao lado ou amá-lo e não ser correspondida o suficiente é muito, muitíssimo pior. Por isso, procure pelo amor e depois construa um compromisso, mas faça nessa ordem. E, se antes de atingir um compromisso que preencha de verdade a sua vida, você vier a amar vários homens, abra os olhos e se convença de que você é uma mulher de sorte.

Enquanto isso, lembre as palavras de Emma e cuide das finanças.

Porque sem independência econômica – as mulheres aprenderam isso ao longo dos séculos – não existe liberdade sentimental.

Uma mulher do século XX ou do século XXI?

Elas estão por todas as partes. Sentadas ao nosso lado no trabalho ou no ônibus, retratadas nos jornais graças a um novo livro, misturadas ao nosso grupo de amigos, entre as antigas amigas do colégio, entre as colegas da academia, nos seriados de sucesso da televisão, nos filmes do cinema. Eu já disse que o mundo se divide entre as mulheres que dão conselhos e as mulheres que os recebem? Pois bem, não é a única divisão. Na realidade, a maior, a mais importante classificação do sexo feminino é a que diferencia as mulheres do século XX e as do século XXI. E, acredite, não estou falando em datas de nascimento.

Elizabeth von Arnim, uma das escritoras favoritas de qualquer garota Parker, escreveu no princípio do século passado um maravilhoso livrinho intitulado *Elizabeth e seu jardim alemão*. Elizabeth é uma dama da alta sociedade casada com um barão alemão que encontra a felicidade no jardim da mansão da família. Completamente entregue à beleza da natureza, seu marido e suas filhas aparecem como personagens secundários, alheios à sua perfeita comunicação com as árvores, as cercas-vivas, as sementes e os brotos. Elizabeth era uma mulher satisfeita e feliz junto ao marido e às filhas, mas o que se percebe em seguida é que também teria sido feliz se não tivesse um marido nem as três meninas. Porque Elizabeth tem um projeto, tem um segredo, tem uma paixão própria e exclusiva: tem um jardim.

A mulher do século XXI, como Elizabeth von Arnim, deseja o amor, é feliz quando o encontra e infeliz quando o perde, mas não faz dele seu único objetivo, sua bússola, o centro de gravidade da sua existência. A mulher do século XX faz do amor um fim desesperado: não procura um homem, mas um marido. Enquanto a mulher do século XXI vive o amor como uma parte fundamental da sua existência, a mulher do século XX não concebe a vida sem uma relação que a sustente.

Célia, uma mulher que entrevistei para elaborar esta obra, costumava investigar a profissão de um homem antes de se aproximar. Se a informação não satisfazia as suas expectativas, riscava o candidato da lista. O homem ideal para ela não era inteligente, honesto, divertido, terno e afetuoso. O homem ideal para ela tinha uma casa, um carro, um título universitário e um cargo de direção numa empresa. "Não nasci para perder tempo", me advertiu muito séria numa noite em que lhe perguntei como era possível basear sua escolha em tais parâmetros. "Você vai errar", eu disse a ela. "Pode ser, mas pelo menos não ficarei solteira", respondeu. "E depois?", voltei a perguntar. Ela não respondeu.

Em seu delírio de conseguir firmar um compromisso, Célia passou a fazer parte da noite. Trabalhava de segunda a sexta num escritório de advocacia com o único objetivo de sair no final de semana e rastrear a cidade em busca de pretendentes. Não lia muito, não ia com freqüência ao cinema, via suas amigas à noite e baseava suas conversas nas características daqueles homens por quem tinha obsessão. Não viajava, tampouco tinha projetos pessoais e para o futuro, fora o de conseguir um namorado e transformá-lo rapidamente em marido.

Seguramente você conhece alguma Célia, todo mundo conhece. Talvez você tenha sido uma delas, ou quem sabe ainda seja. E se esse é o caso, faça a seguinte pergunta a si mesma: caso Célia não consiga seu objetivo, se fracassar no final, o que sobrará dela? Se ela olhar para trás, se examinar os anos terrivelmente desperdiçados, do que ela vai se lembrar?

As mulheres do século XX passam metade da vida cavando um fosso. Quando termina o prazo que se concedem para conseguir o que desejam, já estão presas dentro dele.

Não sabem que o inimigo está em sua própria casa.

Mulheres que amam (só) com o cérebro

Nessa altura você já deve estar se perguntando que raios tudo isso tem a ver com o homem que volta. A resposta é: muito.

Se o método Parker se baseia no fato de que os regressos sentimentais masculinos se produzem quando se dão duas circunstâncias bem concretas – que os tenhamos deixado partir sem pressões e que a mulher abandonada seja capaz de refazer sua vida sem eles –, é necessário analisar que tipo de comportamentos e que tipo de mulheres são os que tornam essa tarefa impossível. Falamos já das mulheres do século XX e de sua nefasta relação com os homens. Agora, vamos tratar de um grupo de mulheres que está muito relacionado com elas: as que amam o homem como instituição.

Durante o tempo que passei na França entrevistando mulheres para este livro, conheci Anette. Ao contrário da maioria dos mortais, Anette se vangloriava de nunca ter se apaixonado, ainda que desejasse casar e ter filhos o quanto antes. Vivia com a família e trabalhava na empresa do pai, rodeada dos tios, dos irmãos e dos avôs. Como símios que avançam pela selva de cipó em cipó, Anette deixava um homem somente quando tinha outro nas mãos. Ela não agia assim porque tinha deixado de gostar de um e começado a amar outro, tampouco porque achasse a mudança excitante ou atraente. Ela fazia isso simplesmente porque aquele novo homem a aproximava um pouco mais de seu objetivo: casar e ir embora da cidade. "Fui a menina, depois a adolescente, então a namorada e agora é a vez de ser a esposa e depois a mãe. São as etapas por que nós, mulheres, temos que passar", costumava dizer.

Hoje Anette tem um marido novo em folha e um lindo bebê. Ainda que de vez em quando confesse com franqueza que o marido é um estorvo, não hesita em afirmar que, no conjunto, é feliz. Ao menos, tão feliz como pode ser alguém nessa situação. Provavelmente, toda a felicidade que se pode ter vivendo com alguém que não se respeita inteiramente e por quem nunca se esteve apaixonada.

As mulheres como Anette não amam os homens em si; amam os homens como instituição. Elas desejam o casamento como esquema de vida, como estado civil, como contrato com direito a casa, comida e viagem anual. As *anettes* correspondem a este tipo de mulher para quem a maior tragédia de um rompimento amoroso não é a perda do homem que amavam, mas o temor de não encontrar outro. Como se esse outro fosse uma roupa feita sob medida com uma perfeição tal que nela pudesse ser encaixado todo o tipo de pretendente. Para Anette, finalmente foi Patrice. Também poderia ter sido Pierre, Jean-Louis ou Giscard.

A maioria de nós se apaixona por alguém específico, por alguém com uma personalidade e algumas qualidades determinadas. Essa norma tão simples não vale, no entanto, para as mulheres que amam o homem como instituição. Para esse tipo de mulher, os homens equivalem a peças de mercado passíveis de troca. Há os mais caros e os mais baratos; há os de oferta e os de liquidação; há os com boa saída e os que vendem mal; há os com garantia e os sem assistência técnica que os avalize.

Mas o importante é que eles existem.

As mulheres que amam o homem como instituição ignoram que o êxito no amor não se rege unicamente pelo “procura e encontrarás". Tampouco – exceto para quem quer um casamento a todo custo, não importa de que tipo – pelo valor ocidental de "quem persiste sempre alcança".

As garotas Parker confiam em Lao Tsé para essas coisas.

E, por isso, acreditam que, no amor,
o que se empenha, fracassa.

Capítulo 3

> Não te deixarei partir se não me deres a tua bênção.
>
> Isak Dinesen, *Memórias da África*

Um rompimento para cada mulher

Uma garota Parker, ao menos uma que se preze, deve ter algum rompimento espantoso em seu currículo. Não que seja estritamente necessário, mas é conveniente. Uma garota Parker sabe muitas coisas da vida, e a única forma de saber as coisas da vida, desiludir-se, é ter passado por maus pedaços.

Não tão ruins que a levem a não ter ilusão para seguir em frente, mas suficientemente ruins para permitirem que conheça a si mesma. Se classificarmos as mulheres entre as que dão conselhos e as que os recebem, entre mulheres do século XX e as do século XXI, entre as que amam o homem como instituição e as que amam de verdade, nada mais natural do que concluir que os rompimentos pelos quais todas elas passam também são diferentes.

Há um tipo de mulher que se refaz com muita velocidade dos rompimentos; é um tipo que chora por dois dias, se lamenta por quatro e no sétimo está rastreando a noite ou o dia em busca de outro candidato. Como já comentamos no capítulo anterior, a dor dessas mulheres não vem do fato de ter perdido o namorado, o marido ou o amante, mas do medo de não conseguir encontrar outro. É por isso que seu sofrimento termina justamente no momento em que encontram um substituto.

Como você já deve ter adivinhado, este livro não trata desse tipo de rompimento. Trata, ao contrário, dos rompimentos vivenciados pelas mulheres que amam de verdade. Das mulheres que se enganam, se iludem, ficam obsessivas, que avaliam mal o parceiro, que precipitam os acontecimentos, que duvidam, insistem e fracassam, mas que amam de verdade.

"Quando as mulheres fracassam, então o fracasso deve ser um desafio para as outras", escreveu a aviadora Amélia Earhart para o marido, pouco antes de o avião em que ela estava desaparecer no Pacífico em 1937. Como Earhart, as garotas Parker consideram que os fracassos são desafios, não somente para as demais mulheres (quem se importa nesse momento com as outras?), mas também e principalmente para nós mesmas.

Um fracasso é um final, e isso ninguém pode mudar. Mas um final também é a ante-sala de outro começo.

Depende de você aproveitar a ocasião.

Começar o trabalho mais importante

Quando rompi com meu segundo homem que voltou, passei quatro meses tentando descobrir o que realmente havia ocorrido entre nós. Foram quatro meses de tristeza e escuridão, de pensamentos recorrentes e obsessivos, de insônia, de análises entre amigas e de análises solitárias. Quatro meses perdidos tentando entender algo que, conforme descobri mais tarde, não tinha nem a metade da importância que eu então lhe conferia. Eu me perguntava por que ele me deixara, o que acontecera.

Fiquei profundamente obcecada nessa época, da mesma forma que situações similares provocam obsessão em tantas mulheres. Fiquei obcecada apenas para chegar à conclusão, muitos meses mais tarde, de que a razão de um rompimento é a parte menos importante de todo o processo. Porque, ao fim e ao cabo, tanto faz se o motivo é uma crise de imaturidade, um mar de tédio, uma falta de comunicação ou o surgimento de uma terceira pessoa em cena; o importante, o verdadeiramente importante, é que esse homem deixou de gostar de você ou, no mínimo, decidiu se afastar de você. Com isso, não quero dizer que você tenha de desistir de descobrir a razão pela qual a relação terminou, mas sim que essa necessidade não pode se transformar numa obsessão e, menos ainda, numa arma para você se maltratar ou maltratar o homem que se foi.

Quando dois anos depois do rompimento, esse segundo homem que volta retornou, eu estava alegremente apaixonada por outro. Ele não entendeu como, depois de quatro anos de relação e um rompimento tão terrível, eu havia deixado de amá-lo e havia começado a amar outro homem. E então, lembro muito bem, ele começou o mesmo interrogatório que eu havia feito a mim mesma durante os primeiros meses da separação, mas na direção oposta. "Por que você deixou de me amar?", ele agora me perguntava. "Como tudo pôde desaparecer, se você me amava tanto?"

Foi quando descobri que não é fácil saber por que se deixa de amar a outra pessoa. Não é simples explicar por que um belo dia nos desapaixonamos, por que, quando ocorre o reencontro, somos incapazes de voltar a sentir aquele afeto, aquele amor. Não é fácil analisar por que não percebemos a personalidade do outro tão intensamente como antes, a voz dele não nos parece mais tão suave, não sentimos o impulso de abraçar ou de beijar, não se experimenta esse sentimento que parecia sem fim.

O amor termina algumas vezes. Em outras ocasiões, adormece, hiberna e finalmente retorna. As razões existem, certamente, mas não são tão relevantes como o fato em si. No fundo, deveria dar no mesmo se o seu marido deixou você devido a uma crise de idade ou a uma paixão repentina. O essencial é que ele deixou você. E que, a partir desse momento, você deve começar o trabalho mais importante da sua vida: se recuperar.

Escute o que eu digo e comece hoje.
Não há tempo a perder.

Separações inexplicáveis não existem

Há quatro anos, enquanto sobrevoava os Andes num vôo entre Buenos Aires e Santiago do Chile, tive um desses estranhos momentos de lucidez que algumas pessoas chamam de revelação. Talvez fosse a mistura do terceiro *dry* martíni com aneto que eu tinha nas mãos, a música que tocava nos meus fones e a impressionante beleza dos lagos que salpicam as montanhas nevadas da cordilheira. Talvez fosse um lance de sorte ou uma casualidade. O que lembro é que, naquele momento, enquanto observava a paisagem, levemente adormecida na minha poltrona de primeira classe, tive certeza absoluta de uma grande verdade: não existe isso que as pessoas chamam de separações inexplicáveis. Existem separações, é claro, e algumas são inesperadas. Mas não se pode de maneira alguma considerá-las inexplicáveis.

Tudo é uma questão de perspectiva. A perspectiva para uma garota Parker é como um anjo da guarda: nunca falha. Ainda que eu já tenha dito que a razão de uma separação é a parte menos importante do processo, se você rompeu recentemente com seu namorado, marido ou amante e não encontra uma explicação, escute o que eu digo: relaxe e espere. Deixe o tempo passar, faça outras coisas, pratique *hobbies*, vá viajar, se recupere e conheça outras pessoas. Numa manhã, como por magia, a resposta estará na sua porta, sem necessidade de procurar por ela, sem ter que se atormentar. A verdade virá até você. E nesse dia você entenderá, finalmente, por que ele se foi.

Isso não implica que o rompimento tenha sempre um motivo racional e lógico. Algumas vezes terá; em outras, no começo, a explicação não terá para você nem pé nem cabeça. Mas, pouco a pouco, o quebra-cabeça começará a ser montado. Talvez você descubra que a relação era muito opressiva. Talvez nenhum de vocês passasse um tempo com a família ou com os amigos. Pode ser que vocês fossem muito dependentes e isso significasse uma carga muito pesada para um dos dois. Ou também a separação pode ter sido conseqüência das terríveis discussões que terminavam em aproximações mornas e românticas, mas que ele conservava na memória de forma amarga e silenciosa. Talvez vocês não tivessem nada para conversar e passassem as noites nos restaurantes olhando os casais ao redor.

Não é fácil reconhecer a verdade quando a dor turva a vista. Tampouco é fácil fazer autocrítica e muito menos assumir a parte da culpa do outro, especialmente se você ainda está muito apaixonada. Não é fácil reconhecer, por exemplo, que a capacidade das mulheres para apagar da memória as discussões (sobretudo se elas foram responsáveis pelo início de tais discussões) é incomparavelmente maior do que a dos homens. Não é simples perceber que, para ele, a reconciliação não apagava o estrago feito pelas brigas com a mesma facilidade do que para você. E muito menos aceitar que o amor nem sempre é o suficiente.

Muitas mulheres passam metade da vida sem se dar conta de que o amor, por si só, não sustenta uma relação quando existem elementos e circunstâncias que sabotam continuamente esse sentimento. Desesperadas depois de uma separação, fazem sempre a mesma pergunta: como pôde acontecer, se ele me amava?

Acredite em mim, acontece. E, se você quer se transformar numa garota Parker, deve aprender a aceitar esse fato. Do mesmo modo, deve aprender a reconhecer os campos minados, os tropeços e os solavancos que debilitaram a relação e acabaram com ela.

Quando você encarar os fatos de frente e sem desculpas, terá percorrido metade do caminho.

Uma garota Parker procura inspiração

É uma verdade universalmente reconhecida a de que somos todos atraídos (ao menos por algum tempo) pelos opostos. Os extrovertidos gostam dos introvertidos; os falantes, dos calados; os tímidos, dos decididos; os calmos, dos enérgicos, e os intensos, dos volúveis. Essa característica interior é bastante útil para uma garota Parker no momento da separação. Porque é a medida que nos ajudará a distinguir com clareza dois tipos de mulheres que podem ser fundamentais em nossas vidas: mulheres em quem se inspirar e mulheres de quem se afastar.

Talvez não seja o seu caso, mas eu tenho uma seleção muito concreta de mulheres para me inspirar. Muitas delas são personagens literárias, outras são do cinema. Há várias escritoras, uma ou outra atriz e, certamente, muitas mulheres da minha família: uma bisavó, minhas duas avós, uma enorme quantidade de tias-avós e, claro, minha mãe. Também há várias pessoas com as quais tive a sorte de cruzar em minha vida. Mais de uma ultrapassou a barreira da maturidade, algumas já são maravilhosas e esplêndidas anciãs.

Todas essas mulheres têm algo que eu não tenho ou, ao menos, o têm em maior medida do que eu. Esse é o motivo pelo qual me atraem, me inspiram e me dão força e energia. Pegar um livro e se fundir com a personalidade de uma mulher inspiradora é uma das melhores terapias contra a dor, o desalento e a tristeza. O mesmo se pode dizer de pegar o telefone e falar com uma amiga ou irmã que nos tranqüiliza, nos acalma ou, ao contrário, nos faz rir, alegra nosso dia e nos faz levantar da cama.

Infelizmente, também existe o oposto. Há vezes em que nos descobrimos cercadas de mulheres terríveis, das quais o melhor seria fugir. Há ocasiões em que é uma situação evidente, em outras, mais sutil e por isso mais perigosa. Identificar as pessoas com essas características não requer muito esforço. Mesquinhas, pouco compreensivas, invejosas ou, simplesmente, torpes: não são as pessoas adequadas para ajudar a enfrentar uma separação.

Cortar esses laços opressivos é mais do que uma escolha, é uma necessidade. A amiga que chama de vez em quando para falar dos velhos tempos, como se o futuro fosse um poço escuro e o passado, a única fonte de felicidade possível, deve ser banida. O mesmo destino deve ter a amiga que, quando você estréia um vestido que custou metade do salário, olha você de cima a baixo, abre a boca como se fosse dizer algo e depois se cala. Isso também vale para as amigas que consideram os outros como um muro de lamentações ou um depósito de alegrias, sem perder um instante em perguntar e escutar.

A lista pode ser interminável, mas a regra de ouro é simples: ninguém, absolutamente ninguém que não desperte em você uma energia transbordante, uma vontade forte de viver, um sentimento de luta e coragem deve estar ao seu lado se você acaba de passar pelo momento crítico de ter sido abandonada pelo homem que ama.

Procure por essas mulheres-talismã, procure por elas em sua família, na literatura, no cinema ou na rua. Procure entre suas amigas, entre as colegas de trabalho, entre as conhecidas da academia de ginástica, da aula de ioga, de pintura ou de restauração. Procure por elas, ligue-se a elas e abandone depois todas as demais, abandone esses fardos.

Tenha pulso firme.

Capítulo 4

Odeio e amo. Talvez perguntes por que o faço. Não sei, mas é isso que sinto. E me tortura.

Catulo

A arte de ser admiravelmente rejeitada

Os romances britânicos do século XIX, verdadeiras bíblias para qualquer garota Parker, mostram sempre homens admiravelmente rejeitados. Tanto Elizabeth Gaskell como Jane Austen apresentam personagens masculinos adoráveis, que ficam ainda mais adoráveis depois de serem humilhados pelas protagonistas de seus romances, jovens profundamente inteligentes e sempre, sempre honestas.

Contudo, ser rejeitada na vida real não é nada admirável. Não há vestígios da atraente dignidade com a qual Gaskell e Austen revestem seus galãs quando enfrentam esse percalço. Não há grandiosidade de caráter, não há uma última palavra lapidar, não há saídas elegantes, não há olhares de ardoroso desdém. "Parece que você pensa que meu amor a desonra. Não posso evitá-lo. E ainda que eu quisesse, não posso me livrar dele. E não o faria, ainda que pudesse. Nunca amei uma mulher: estive sempre muito ocupado, muito preocupado com outros assuntos. Agora amo e seguirei amando. Mas não espere muitas demonstrações de minha parte", explica com um desprezo irresistível John Thornton, de *Norte e Sul*, romance de Elizabeth Gaskell.

Sim, na vida real é preciso ter bastante estilo, autodomínio e, sobretudo, prática para conseguir (no caso de ser estritamente necessário) ser admiravelmente rejeitada. É uma habilidade e, como tal, é possível aprendê-la, mas requer realizar antes de mais nada um profundo exame de consciência.

Voemos de novo até o passado como fizemos no capítulo 1. Visualize seu primeiro rompimento, não o primeiro grande rompimento, mas simplesmente o primeiro. Houve lágrimas? Houve gritos, censuras e batidas de porta? Anote cuidadosamente em seu caderno qualquer uma dessas incidências violentas. Visualize novamente o momento, a cara do seu namorado, as palavras que você falou, a tensão da conversa. Visualize e depois avance alguns dias em sua memória, algumas semanas, talvez meses. Pediu a ele que voltasse? Telefonou para pedir que ele explicasse seus motivos?

Escreveu cartas ou mensagens? Interrogou os amigos dele? Marcou presença nos lugares que ele freqüentava? Manteve relações ocasionais com ele?

Não se preocupe se você respondeu afirmativamente algumas ou até mesmo todas essas perguntas. Todas essas são atitudes habituais em grande parte dos rompimentos das mulheres normais. No entanto, de agora em diante, você vai deixar de ser uma mulher normal. Você vai se transformar numa garota Parker, e isso implica desenraizar todos esses comportamentos. Como o fascinante John Thornton de Elizabeth Gaskell, você deve ter presente e fazer com que qualquer homem que pretenda abandonar você compreenda que, de agora em diante, ele não deve mais esperar "demonstrações de afeto" da sua parte.

Qualquer mulher poderia se permitir dar essas demonstrações de afeto, qualquer uma, menos você.

Porque você já deixou de ser uma mulher qualquer.
Não se esqueça.

Afinal, quem deixou quem?

Se não posso chorar, se não devo gritar, se não me permitem fazer reprimendas, se me proíbem de escrever, telefonar, procurar ou suplicar, o que devo fazer? Você deve estar se perguntando ao chegar neste ponto. Ou, para dizer de outra forma, é possível fazer alguma outra coisa?

Se você fez bem sua lição de casa, deveria saber a resposta para essa pergunta.

Vamos lembrar que a teoria sobre a qual se sustenta este livro afirma que os homens que abandonam suas mulheres terminam por regressar para os braços delas sempre que se dão duas condições: que os tenhamos deixado partir sem fazer cenas nem pressão e que as mulheres que foram abandonadas sejam capazes de refazer completamente suas vidas sem eles. "Que os tenhamos deixado partir sem fazer cenas nem pressão", aí está a resposta. E o que é preciso fazer para conseguir essa façanha? Manter a calma, nem mais nem menos.

"– Como está meu primo, o sr. Forsyte?

O homem apertou os lábios.

– Não deve passar desta noite, senhor!

Soames sentiu algo, como se o casaco lhe apertasse levemente.

– Está lúcido?

– Sim, senhor.

– Poderia dar a ele o meu cartão? É possível que lhe agrade me ver."

Essa cena, um excerto de *O macaco branco*, romance do prêmio Nobel britânico John Galsworthy, explica de um modo admirável o conceito de manter a calma. "Soames sentiu algo, como se o casaco lhe apertasse levemente" quando comunicam a ele que o primo está agonizante e, pese o fato de que não deve passar daquela noite, solicita educadamente ao mordomo que lhe entregue seu cartão, já que é possível que o moribundo se alegre em vê-lo. Não,

não pedirei que você se comporte como essa magnífica personagem, mas que se aproxime disso.

Quando um homem decide deixar uma mulher, a primeira reação dela costuma ser a surpresa, depois a incredulidade e, finalmente, a dor. Essa é a ordem natural dos sentimentos nessa circunstância, e tudo bem que seja assim. Do contrário, poderia dar a impressão de que você não se importa com o rompimento ou, o que é pior, que você está plenamente de acordo com ele. Não seria sincero, não seria honesto e, sobretudo, não seria inteligente.

Mas uma vez mostrada a sua surpresa, manifestada a sua incredulidade e exibida a sua dor, você pode fazer duas coisas: continuar por esse caminho num turbilhão de violência verbal e de desespero ou explicar com calma e sinceridade seus sentimentos, escutar os dele, perguntar se há alguma possibilidade de ele refletir sobre essa decisão e, uma vez obtida a resposta negativa, aceitá-la com integridade e elegância. E mais: se você é uma aluna adiantada, talvez ainda consiga colocar a cereja no bolo, assegurando que foi muito feliz com ele, que sempre lembrará a relação de vocês de uma forma muito especial e que está convencida de que, com o tempo, verá com clareza que não poderia ter sido feliz com alguém que, como ele, não estava completamente apaixonado por você. Se fizer isso bem, realmente bem, talvez consiga que seu homem saia da sala se perguntando quem deixou quem.

Deixá-lo partir, essa é a chave. E para se animar com o processo, nada melhor do que lembrar que esse imenso esforço, essa atitude serena frente à dor é o primeiro episódio de uma batalha, o primeiro elo de uma estratégia cuidadosamente desenhada para conseguir que ele volte.

Um passo atrás a tempo também é, nesse caso, a primeira vitória importante.

Garotas Parker não choram

Não chorar mais do que o necessário e sempre em privado ou, ao menos, em silêncio é uma máxima que deveria ser ensinada nas escolas. Não apenas porque soluçar em público é terrivelmente incômodo para quem presencia a cena, mas porque destroça os olhos, deixa o nariz vermelho e incha o rosto. Nós, mulheres, devido à educação ou a qualquer outra razão, tendemos a intensificar nossos momentos emocionais com rios de lágrimas. Desde nossa mais tenra infância, fomos estimuladas a usar esse recurso emocional como forma de dar rédea solta aos nossos sentimentos. É uma vantagem inegável do ponto de vista da saúde mental, já que, ao contrário da maioria dos homens que não costuma fazer uso desse recurso, nós, mulheres, somos capazes de colocar para fora toda a dor, a tensão ou a frustração que sentimos. Mas é, ao mesmo tempo, uma demonstração de falta de controle e o resultado de um mito aprendido, uma vez mais, desde o berço.

Os homens não resistem às lágrimas. Esse é o falso, o nefasto aforismo que lançou de cabeça tantas e tantas mulheres ao longo de tantas e tantas gerações no mais profundo dos erros. Por que, vamos pensar um pouco, por que razão iria comover alguém – a não ser que se trate de uma tragédia realmente importante – a visão de um ser desfeito em lágrimas, com o rímel borrado, o nariz vermelho e inchado e a mandíbula desencaixada? Alguma vez você se olhou no espelho numa situação dessas? Em caso positivo, me diga: você iria a um compromisso com esse aspecto? Você acredita que teria alguma possibilidade de encerrar bem esse encontro? Pois, se é assim, pense nisso na próxima vez que quiser chantagear um homem, consciente ou inconscientemente, com suas lágrimas. Poderá fazer com que ele sinta piedade de você, com que a olhe com compaixão, mas você não conseguirá mais do que isso.

A não ser que você pertença ao reduzido e mítico clube de mulheres que sabem chorar sem perder a boa aparência, segure as lágrimas, dê meia-volta e parta (sem tropeçar em nenhum móvel) e em silêncio.

Seja tudo, exceto natural

Dos anos 60 para cá, temos sido bombardeadas com a ditadura da naturalidade. As feministas começaram – mulheres terríveis que agora já ultrapassam com folga os sessenta anos – banindo os sutiãs, pregando pelo fim da depilação e desprezando a maquiagem. Felizmente, hoje, nenhuma mulher que se preze condenaria um sutiã, o *laser* nos livrou definitivamente do sofrimento periódico da depilação, e a cosmética avança de vento em popa, nutrida pelos bolsos de milhões de mulheres e de homens. Chegamos ao fim da naturalidade? Na realidade, provavelmente tenhamos alcançado o desejado meio-termo. Pegamos o artificial, o utilizamos para potencializar e aperfeiçoar o natural e conseguimos algo que poderia ser definido como a naturalidade artificial, um conceito que inundou nossas vidas, se instalou em nossos corpos, revitalizou nossos rostos e refinou nossos comportamentos.

As garotas Parker, mais do que qualquer outro tipo de mulher, sabem o alto preço que a ditadura da naturalidade pode ter e conhecem o incalculável valor de dominar a arte da naturalidade artificial, ainda mais numa conversa de separação. Você com certeza concorda comigo que não há nada pior do que terminar um episódio de abandono com a sensação de ter dito muito mais do que se queria, ter confessado verdades que jamais pensou em revelar e ter jogado na cara do outro o tipo de afirmações que é impossível de voltar atrás e muito difícil de esquecer. Como me disse uma vez Martina, uma garota polaca que entrevistei para o livro, quando me contava como o marido a havia deixado dois meses depois de ela dar a luz à sua segunda filha: "a naturalidade, Penélope, teria me levado a cortar o pescoço dele. Qualquer coisa diferente disso não fazia parte de um comportamento natural para mim."

Martina não acreditava no valor da naturalidade. Eu, sim, creio nele, ainda que com nuances. Acredito firmemente que, como ocorre com tantas coisas, a naturalidade deve ser dosada. Acho que qualquer pessoa deve ser natural e sincera em nove de cada dez vezes na vida, ser espontânea, ser tal qual se é. Mas a décima vez deve ser reservada para uma ocasião especial. A décima vez deve servir para animar um amigo que esteja passando por um período de má sorte que o deixa inseguro, para apoiar uma pessoa que está a ponto de iniciar um projeto no qual você não coloca fé, para transformar um encontro de separação numa estratégia militar que minimize as conseqüências da cena e permita que você saia vitoriosa.

"Eu me atreveria a aconselhar que você aprenda a se dominar, já que nem todo mundo poderá compreendê-la como eu, e sua inexperiência poderia causar alguma desventura para você", responde Eugene Oneguim, o protagonista do poema de Púchkin, à humilhada Tatiana quando ela abre o coração sem reservas e confessa a ele o seu amor.

Mas o que significa "se dominar", na prática?

Vamos por partes. Em primeiro lugar, e como analisamos há pouco, se dominar significa abandonar definitivamente as lágrimas. Significa também controlar esse terrível impulso de dizer várias vezes ao homem que está partindo o quanto você o ama, que você é louca por ele e o tanto que você sofrerá se ele abandoná-la. Significa morder a língua e evitar pronunciar palavras desagradáveis, sejam elas insultos, reprimendas ou alusões a velhas brigas. Significa se abster de culpar a si mesma (e na frente dele) pelo rompimento e pelo abandono. Significa, finalmente, pensar um pouco antes de confessar – seja por culpa ou despeito – qualquer ato ou circunstância que no dia anterior ou inclusive dez minutos antes nem teria passado pela sua cabeça confessar.

Uma mulher naturalmente artificial deixa que seus olhos encham de lágrimas, mas não se abandona ao pranto. Dá a entender que não deseja a separação e que isso dói nela, mas não insiste. Deixa claro que não entende o comportamento do homem que a está abandonando, mas não faz reprimendas nem retira do baú velhos atritos. Não o culpa explicitamente pela separação, mas muito menos culpa a si mesma. E, por último, não se deixa levar pelas emoções até o ponto de revelar circunstâncias que possam prejudicar seus interesses, naquele momento ou no futuro. Uma mulher naturalmente artificial evitar fazer cenas, mantém a calma e conserva a serenidade.

O autocontrole é o sutiã de uma garota Parker numa separação. Da mesma forma que você gasta dinheiro para comprar o segundo, dedique tempo e constância para praticar o primeiro.

O pior momento para dizer a verdade

Há uma pequena loja de antiguidades perto da Washington Square, em Nova York, onde numa fria tarde de outono me apaixonei por uma edição do século XIX de *Cranford*, de Elizabeth Gaskell. Enquanto folheava um livro, metida num confortável casacão e com um café quente nas mãos, lembrei o dia em que minha amiga Charlotte entrou como um furacão no jardim da minha casa em Londres, quando eu lia essa mesma obra numa edição de bolso. Desfeita em lágrimas de desespero, contou que o namorado, John, a tinha deixado por não ter certeza de estar apaixonado. "Eu disse coisas terríveis a ele, Penélope!", ela repetia sem parar e com uma angústia indescritível. Naquele momento, lembro-me de ter pensado que por mais que Charlotte tivesse dito coisas horríveis ao namorado, jamais poderia ser igualado à dor que ele tinha causado ao abandoná-la.

O certo é que, como soube mais tarde, a angústia dela tinha justificativa. Em seu desejo de feri-lo na hora do rompimento, Charlotte confessou ao namorado que jamais havia entendido a paixão dele por História, que sempre tinha se sentido extremamente entediada com as conversas sobre civilizações antigas e que havia suportado com um estoicismo admirável o horrível costume que ele tinha de arrastá-la de museu em museu e de conferência em conferência. John – este é um dado relevante para entender o caso – é historiador e trabalhava naquela época no Museu Britânico.

Embora o ataque de angústia sentimental do namorado da minha amiga tenha se extinguido tão rapidamente como começou, ele não pôde esquecer a confissão de Charlotte. "Não posso voltar com alguém que odeia o que faço e, sobretudo, não posso ficar com alguém que é capaz de fingir por tanto tempo que lhe interessa algo que, no fundo, detesta", ele me explicou numa tarde durante um dos muitos cafés que tomei com um e com outro. Charlotte, como muitas outras pessoas em seu caso, cometeu o erro de fazer uma confissão no pior momento do mundo: o do rompimento.

As conversas tensas e dolorosas turvam a mente e impedem de pensar com clareza. Quando gritamos, quando sofremos, quando choramos, não somente nos tornamos vulneráveis frente às pessoas que nos rodeiam, mas também frente a nós mesmas, porque perdemos a capacidade de nos controlar. Algumas mulheres quando são abandonadas sentem tristeza, outras sentem dor, e um terceiro grupo sente, além disso, um ódio intenso. É sobretudo nesse último grupo que são mais comuns as confissões de atos que jamais deveriam se tornar públicos. O estrago dessas confidências jogadas na cara do outro de forma impulsiva é duplo: por um lado, ferem aquele que vai embora, por outro, machucam também quem fica. É, além disso, a melhor forma de destruir qualquer ponte que possa ficar em pé entre ambos depois da separação.

Qualquer homem ou mulher é livre para decidir fechar a porta definitivamente para a pessoa que o abandonou, mas todos nós sabemos que o que pensamos hoje nem sempre corresponde ao que pensaremos amanhã. Por isso, por sua própria dignidade e pela de seu parceiro, evite as confissões de última hora. Se no momento em que aconteceu o que você agora deseja confessar, você decidiu guardar para si, alguma razão haveria.

Confie na sua avaliação sobre aqueles momentos e feche a porta para o traiçoeiro e mesquinho desejo de machucar o outro.

Capítulo 5

> Pois comparado com a fragilidade de vossos pés, eu sou um grande corredor.
>
> Sêneca, *Sobre a felicidade*

O instinto mais feminino

Ainda que muita gente não admita, nossas avós tinham grandes receitas para quase todo tipo de problema. Quando se tratava de tristeza, costumavam recomendar trabalho físico, exercícios e ar puro. No meu caso, o exercício perfeito para as épocas difíceis é a jardinagem. Com as mãos imersas na terra e um chapéu para me proteger do sol, enterro meus problemas entre roseiras silvestres, medito sobre os fatos em meio a montes de adubo e busco respostas junto das gardênias, das camélias e das magnólias. É nesses momentos que a minha mente funciona com maior clareza.

Há pessoas que conseguem essa clarividência depois de fazer um bolo, pintar um quadro, ordenar a biblioteca, planejar o trabalho do dia, dirigir em alta velocidade, escalar uma montanha ou correr em volta da quadra. Seja qual for a válvula de escape para os momentos difíceis, pois tenho certeza de que você tem uma, é importante que ela esteja suficientemente à mão para utilizá-la nos minutos, nas horas, nos dias ou nas semanas posteriores ao abandono. Por que digo isso a você? Porque é nesses momentos, justamente nesses instantes, que entra em cena um dos piores inimigos de uma garota Parker: o poderoso instinto de retenção.

Até certo ponto, e não vamos nos martirizar por isso, tentar segurar o homem que partiu é lógico e natural. Pedir a ele que medite, reconsidere a decisão e que faça uma última tentativa para que as coisas melhorem é absolutamente humano. Também é humano telefonar para ele algumas vezes, continuar a conversa no dia seguinte, manter contato durante as primeiras semanas ou escrever uma longa mensagem. É certo que nossas antepassadas, as mulheres de Cromagnon, faziam o mesmo quando seus homens as deixavam para perseguir outra presa, fosse ela humana ou animal. Certamente elas os ameaçavam, se agarravam nas pernas deles, os agrediam, os seguiam durante centenas de quilômetros. Era e ainda é um poderoso instinto.

Mas a linha que separa o natural e o exagero é às vezes muito fina. Já se passaram milhares de anos desde que as mulheres de Cromagnon perseguiam implacavelmente os machos de sua espécie e, no entanto, ainda não encontramos uma regra absoluta que defina o momento exato em que se deve abrandar o instinto de retenção.

É, ao contrário, uma dessas ocasiões em que você deverá se deixar levar por seu bom senso. Como uma boa aspirante a garota Parker, você terá que avaliar por si só quando chegar o momento de fechar portas e janelas. Deverá descobrir esse momento, ainda que ele não se manifeste, deverá descobrir a resposta e reconhecê-la. Porque a grande verdade sobre esse assunto é que a maioria das mulheres nessa situação conta com uma voz interior para demarcar o limite entre o tolerável e o excessivo. Essa voz faz delas perfeitamente conscientes do momento em que estão cometendo um erro.

Não podem evitar, é verdade, mas sabem que é um erro.

Kevin, um de meus melhores amigos, foi numa fria manhã de novembro à minha casa em Kensington, em Londres. Totalmente desesperado, me contou que sua ex-namorada Jane não parava de persegui-lo. Recebia telefonemas de manhã e à noite; tinha encontros aparentemente casuais com ela no supermercado, nos restaurantes, nos cinemas; sua caixa de *e-mails* vivia repleta de cobranças, explicações, perguntas, súplicas. "Não sei o que fazer, Penélope, me ajude porque não sei o que fazer", ele me disse.

Kevin havia sido muito apaixonado por Jane, e ela o tinha deixado por outro homem. Agora Jane estava desesperada para recuperá-lo, e ele estava farto dela. "Por que diabos algumas mulheres não se dão conta de quando têm de parar? Elas não têm dignidade?", meu amigo me perguntou naquele dia. Naquela época, Jane não somente não tinha dignidade como tampouco mostrava inteligência. Com aquela atitude obsessiva, estava jogando fora as poucas possibilidades que restavam para que Kevin voltasse para ela. Eu tinha certeza absoluta de que ela sabia disso. Também tinha certeza de que, mesmo assim, ela era incapaz de se controlar.

Quando meu amigo saiu, telefonei para Jane e marquei um encontro para essa mesma tarde em minha casa. Durante uma hora e meia, expliquei pacientemente como ela estava destruindo com aquela atitude as possibilidades de reconciliação. Depois de outra hora e meia de choro e arrependimento, analisamos juntas quais eram as opções que ela tinha para diminuir aquela ansiedade que a levava a perseguir o ex-namorado: se concentrar no trabalho, ler um bom livro, tomar um banho com sais, ir às compras, trocar os móveis de lugar, ir ao cabeleireiro, levar o cachorro para passear, telefonar para as amigas e, inclusive, me telefonar. A lista, por fim, terminou, e a ex-namorada de meu amigo saiu agradecida e disposta a silenciar de uma vez por todas o seu rebelde instinto de retenção.

Tenho que confessar que ela teve algumas recaídas, mas, finalmente, conseguiu. Hoje, Kevin e Jane formam um casal muito feliz.

Três atitudes proibidas

A terrível Francine de Sor, uma das muitas personagens femininas saídas da pluma de Wilkie Collins, representa todas as atitudes que qualquer pessoa, seja homem ou mulher, jamais deve adotar em frente ao parceiro. Seu enérgico desejo de perseguir, sua tenacidade sem limites e sua insistência em se jogar aos pés do homem amado o obrigam a fugir o mais rapidamente possível.

Uma vez mais, não estamos falando de literatura por casualidade. O método Parker sustenta, como sublinhei várias vezes, que o modo como se produz um rompimento determina a possibilidade ou a impossibilidade de que o homem que partiu regresse para a mulher que abandonou. Se extrapolarmos o comportamento de Francine de Sor, podemos observar três atitudes nocivas que são comuns a muitas mulheres, mas que toda garota Parker deve cuidadosamente evitar:

1. *A compaixão*

"Estou longe de casa e meus pais não se importariam em não voltar a me ver", se lamenta Francine em frente ao homem de seus sonhos. Como ela, há mulheres (talvez você tenha sido uma delas) que irrompem em soluços de desespero numa tentativa de que seus parceiros não as abandonem. É um método comum, é verdade, como também é humilhante e totalmente inútil.

Talvez para um determinado tipo de homem, sobretudo o covarde, essa técnica possa conseguir adiar ou até mesmo frustrar a decisão de romper a relação, mas se trata de uma vitória aparente. O homem que agora permanece por pena terminará partindo na próxima vez. Quando suas lágrimas deixarem de sujeitá-lo, uma vez que ele tenha se acostumado com seus lamentos, abrirá a porta e irá embora. E, enquanto não o fizer, você saberá que ele permanece ao seu lado por compaixão, e não por amor. Você acha que realmente vale a pena?

2. *A culpa*

Existem mulheres que não se importam de perder a dignidade na frente dos parceiros, em seu desesperado desejo de segurá-los. Mulheres que não têm problema algum em fazer alusão à idade, ao tempo perdido, aos sacrifícios realizados ou à precariedade econômica para tentar segurar seus namorados, maridos ou amantes. "De que serve o dinheiro para um ser tão infeliz e solitário como eu?", pergunta, em consonância com essa escola de lamentos, Francine de Sor.

Nenhuma delas intui o imenso sofrimento que causam a si mesmas e à sua causa. Em sua cruzada para não deixar a relação afundar, esquecem algo que toda garota Parker sabe por instinto: que uma mulher é 50% o que acredita ser e outros 50% aquilo que decide ser. Se você se define para o homem que a está abandonando como uma vítima sem futuro, sem atrativo e sem possibilidade de recuperação, a partir desse momento ele a verá dessa forma. Seguirá seu caminho, mas fará isso com a consciência de que deixou para trás um trapo, não uma mulher.

Você jamais deve se descrever com dureza diante de um homem, menos ainda se ele está a ponto de abandoná-la. Mesmo que você se sinta terrivelmente infeliz, ainda que acredite que a vida deixou de ter sentido e que seu maior desejo seja o de implorar, você não deve permitir que ele note o seu desespero. Se notar, acredite em mim, não esquecerá nunca.

3. *A chantagem*

A última das atitudes que você deve desencavar numa conversa de separação é a ameaça, o insulto e a chantagem. Terminar uma relação jogando trastes na cabeça do outro não é apenas vulgar como também é uma total falta de inteligência e de visão de futuro. De que serve, além de experimentar um desabafo momentâneo, cuspir barbaridades no rosto do homem que ainda se ama? O que se pode ganhar com isso, fora o fato de criar um campo minado que impossibilite uma reconciliação? A menos que suas recriminações estejam baseadas em fatos e comportamentos verdadeiramente graves (nesse caso, você deve descartar inteiramente o objetivo de fazer com que esse homem regresse e deve tentar começar uma nova vida sem ele), pense uns segundos antes de falar e não deixe que as palavras destruam pontes entre vocês.

Uma garota Parker – aposto que você já sabe – jamais derruba uma ponte, a não ser que seja totalmente necessário.

A última imagem de uma garota Parker

Minha tia-avó Grace, que vive numa linda casa em Gramercy Park, Nova York, assegura que, depois dos dezesseis anos, jamais se apresentou em público sem estar bem penteada, elegantemente vestida e maquiada de forma impecável. Acompanhada de um sorriso eterno e de belas luvas que ela compra sempre em uma lojinha da Piazza Espagna, em Roma, levou o estandarte de sua beleza da adolescência até a velhice.

Certamente, nós, seus filhos, netos e sobrinhos-netos, nunca tivemos o prazer de saber de que cor são a sua pele e os seus lábios, qual a textura e o tom real de seu cabelo ou como seriam suas esbeltas pernas sem seus fabulosos sapatos de salto alto. Mas, de certo modo, todos nós amamos o sentido da beleza da tia-avó Grace, sua maneira de descer perfeita para o café-da-manhã, os esplêndidos quimonos orientais que usa antes de ir descansar ou as maravilhosas jóias antigas que adornaram seu pescoço inclusive nos raros momentos em que se dignou a entrar numa cozinha. Nunca a cozinha dela, claro.

Minha tia-avó Grace me ensinou desde pequena uma lição que toda garota Parker deve ter sempre presente: a beleza é uma forma de ginástica. Quanto mais se cultiva, quanto mais tempo se dedica a ela, mas facilmente se mantém e menos artificialidade requer. É óbvio que a minha idéia de beleza não é a mesma que ela, aos 93 anos, mantém com uma dignidade admirável. Mas é igual a consciência de que a beleza é um dom que é preciso cultivar.

"Colocou um vestido branco, um colar de jade e sapatos verdes. Essa combinação não era casual. Havia pensado nela muitas horas antes de ter visto, através da janela do salão, o pereiral em flor." Bertha Young, protagonista de *Felicidade*, um relato escrito na década de 20 por Katherine Mansfield, sente numa manhã uma mistura de felicidade e inquietação que a faz desejar que o fim do dia chegue o quanto antes para poder se reencontrar com o marido. Bertha Young diz a si mesma que sua vida é feliz. Tem uma boa posição social, uma filha adorável e um marido atento e carinhoso, mesmo que sua vida íntima não seja exatamente apaixonada. Ao final do dia, quando Bertha recebe impecável e perfeita o marido e seus convidados, descobrirá pela primeira vez, desde o início do seu casamento, um sentimento intenso e profundamente físico em relação ao homem com quem está casada. Também descobrirá nessa mesma noite que ele é infiel.

A indumentária impecável de Bertha Young é uma metáfora da fragilidade de uma felicidade baseada em aparências, mas também uma forma de enfrentar a vida. O vestido branco, o colar de jade e os sapatos verdes são a couraça de Bertha frente ao mundo real. E isso não é uma casualidade.

Ir a um encontro amparada por um vestido fabuloso e uma maquiagem perfeita é, de certo modo, uma experiência de poder. Ao contrário de outras espécies, nas quais os machos são os encarregados de se sobressair com o colorido no cortejo, na raça humana, somos nós, as mulheres, que temos a honra de manter o ritual de embelezamento pessoal. Claro que os homens se cuidam cada vez mais, mas as mulheres seguem sendo mestras de sofisticação nessa matéria.

No entanto, é conveniente lembrar que não somente no cortejo são necessárias as cores brilhantes. Ser abandonada com um vestido velho, um rosto esgotado e um cabelo desgrenhado é mais do que um abandono, é uma afronta. Por isso, ser admiravelmente rejeitada, essa arte que estudamos no capítulo anterior, implica deixar na retina do homem que parte uma última imagem inesquecível.

Como minha tia-avó Grace, não deixe que ninguém surpreenda você desprevenida depois dos dezesseis anos. Conceda-se tempo a cada manhã. Conceda-se tempo para tomar banho, se hidratar, se maquiar, se pentear, se vestir e se calçar como quem vai a um grande encontro.

Esse encontro diário que você não tem somente com ele, mas com você mesma e com o restante do mundo.

Romper para sempre ou deixar a porta aberta?

Um dos erros mais freqüentes cometido pelas mulheres nas conversas de separação é ceder a ataques de dignidade momentâneos e violentos. As mulheres que sofrem desse fenômeno costumam dizer muitas coisas das quais se arrependem mais tarde. Ofuscadas por sua fúria imediata e pela sensação de que se não fizerem algo drástico cairão no mais espantoso ridículo, costumam gritar para os homens frases grandiloqüentes que terminam sempre com um "não quero voltar a te ver", um "não volte jamais a me telefonar" ou um "tudo está acabado para sempre".

Na realidade, todas nós aprendemos mais ou menos depois de completar os onze anos que nesta vida poucas coisas são para sempre. E os rompimentos, acredite em mim, não são uma exceção. No entanto, são muitas as vezes que com essas expressões e com atitudes assim fazemos de uma possível separação temporária um adeus definitivo.

É preciso reconhecer que a eficácia devastadora dessas frases depende em grande parte do homem que temos na nossa frente. Faz alguns anos, enquanto eu comprava numa pequena cidade perto de Antibes, no Sul da França, essas frigideiras decoradas que se vêem nos mercadinhos daquela zona, mantive uma conversa esclarecedora sobre um tipo de homem muito específico: o homem que não se deixa abandonar.

Minha amiga Helen, uma executiva norte-americana, manteve uma relação de pouco mais de um ano com um homem que a decepcionou profundamente. O dia em que ela reuniu forças suficientes para dizer a ele que fizesse as malas e fosse embora da sua casa, teve a desagradável surpresa de saber que ele não tinha a intenção de se deixar abandonar. "Acabou, não quero que você volte, quero que vá embora", minha amiga explicou a ele em diversas ocasiões, sem observar reação alguma. A cena se repetiu várias vezes ao longo dos meses seguintes até que ambos terminaram se odiando mutuamente. "Vá embora!", ela gritava. "Não quero ir!", ele respondia.

Felizmente, como Helen me explicou em Antibes, aquele homem insistente um belo dia se convenceu de que, gostando ou não, já fazia seis meses que não tinham nenhum tipo de laço oficial. Quando se deu conta disso, pegou suas coisas e se foi, ainda que não inteiramente. "De vez em quando ainda me envia mensagens desesperadas, também envia flores para a minha mãe e inclusive tem uns tacos de golfe para buscar em minha casa", assegurou minha amiga. "E como você vai resolver a questão dos tacos de golfe sem precisar vê-lo?", perguntei a ela. "Disse a ele que nas terças e quintas a faxineira está em casa", ela me respondeu com muita dignidade.

Ainda que situações como essa que Helen sofreu possam ocorrer alguma vez na vida – talvez duas, se acreditarmos em reencarnação – os adeuses drásticos costumam surtir efeito, mesmo que geralmente esse efeito seja exatamente o contrário do que pretendíamos conseguir. Quer se trate de palavras ditas sem pensar ou de uma tática pertencente à velha escola que prega que quanto pior se trata um homem, mais a seus pés ele estará, é preciso se cuidar muito para não terminar uma conversa de separação com algo que mesmo remotamente soe como definitivo.

Se não agir assim, você pode se deparar com duas situações muito difíceis: a primeira é que ele leve a sério e não volte a ver você nunca mais; a segunda, que você se arrependa de ter dito essas palavras e acabe indo atrás dele. O último fato não somente transformará você no oposto de uma garota Parker como minguará sua auto-estima de uma forma tal que será muito difícil voltar a confiar em si mesma e em sua habilidade para tratar com os homens.

Há muitas formas corretas de dizer adeus a um homem e só uma verdadeiramente errada. Na realidade, essa última é muito fácil de evitar: você apenas tem que banir de seu vocabulário de separação os *nunca*, os *jamais* e os *para sempre*.

Haverá tempo para voltar a se encontrar com essas palavras num belo romance inglês do século XIX.

A pior das torturas

No dia em que descobri que a falta de descanso era a única responsável pela persistente enxaqueca que eu tinha todas as manhãs ao acordar, abandonei definitivamente o hábito de me torturar com palavras ditas ou por dizer. Antes, costumava rolar na cama pensando várias vezes no ridículo de uma coisa, no insatisfatório de outra, na indignidade, no exagero, no odioso. Passava a noite insone até que numa determinada hora, quase sempre por volta das três da madrugada, levantava da cama e terminava escutando música com uma xícara de café nas mãos. Mas o certo é que nem o café, nem os quartetos de cordas me ajudavam no dia seguinte, quando começava a manhã com um enorme ar de cansaço.

Aprendi muito desde então. Continuo tomando xícaras de café, também ouço música e sigo perambulando pela casa. Mas, como uma boa garota Parker, agora faço isso de outra maneira. Às seis da tarde, principalmente se o dia está frio, visto meu velho casaco de astracã (herdado, não comprado) e minhas botas de montaria e saio para passear no jardim. Enquanto passeio, penso no ridículo de uma coisa, no insatisfatório de outra, na indignidade, no exagero, no odioso. Passeio, e se o problema é muito grande, abro o portão e saio a caminhar pelo campo até me sentir mais tranqüila. Depois, volto para casa, tiro as botas, prendo os cabelos úmidos e, com os pés perto da lareira, saboreio um martíni duplo com aneto e me entrego à música.

Existem muitas formas de analisar os problemas, muitas maneiras de se flagelar com o passado, o presente e até com o futuro. Claro, o ideal seria não fazer isso, mas às vezes não é fácil controlar a mente, não é simples fazê-la andar por onde nos convém. No entanto, se a mente é seguidamente indomável, o mesmo não ocorre com os cenários. Os cenários são muito mais fáceis de administrar.

Escolha o seu cenário de forma cuidadosa e se conceda a permissão para se preocupar quando estiver ali. Talvez seja o trajeto que você faz de metrô ou de táxi de casa para o trabalho, ou a meia hora que você gasta esperando que uma máscara faça efeito ou que o esmalte das unhas fique seco, ou o momento diário em que você leva o cachorro para passear. Não importa como, onde e quando seja, o importante é que você tenha um tempo e um lugar para pensar nos problemas.

Me leve a sério: jamais carregue suas preocupações sentimentais para a cama.

A cama, qualquer garota Parker sabe, é um lugar para descansar e para ser feliz.

Segunda parte

O CARÁTER E A PERSONALIDADE DAS GAROTAS PARKER

Capítulo 6

> – De todo modo – disse o espantalho –, eu pedirei um cérebro, não um coração, porque um estúpido não saberia o que fazer com um coração, se tivesse um.
> – Eu pedirei um coração – respondeu o homem de lata –, porque o cérebro não dá felicidade, e a felicidade é o melhor que há no mundo.
>
> L. Frank Baum, *O mágico de Oz*

Homens com memória de peixe

É uma verdade, desta vez *quase* universalmente reconhecida, que a capacidade da maioria dos homens para reter detalhes, cumplicidades e outros adoçantes das relações amorosas é incomparavelmente menor do que a das mulheres. Tanto é assim que, seguidamente, a separação se transforma na primeira torre de onde a namorada, esposa ou amante vislumbra o imenso, o deslumbrante vazio da memória do homem que partiu no que diz respeito a esses momentos mágicos que ela acreditou gravados na memória dele.

Lembro de uma conversa que tive há anos, certamente antes de começar a planejar este livro, com uma de minhas melhores amigas e que pode servir para ilustrar com perfeição o que vou dizer. Foi num pequeno restaurante de comida caseira que fica bem perto da Piazza San Pietro, no Vaticano. Ali, entre um tira-gosto e outro, minha amiga Piera contou como havia sofrido a maior decepção de sua vida ao descobrir que o homem com quem acabara de romper simplesmente não se lembrava da maioria dos detalhes que ela considerava como os pilares da história da relação deles.

Depois de jogar religiosamente golfe todos os finais de semana, Piera e aquele homem iam ao cinema desfrutar de um bom filme. Ambos gostavam daquele programa que combinava exercício, ar livre e espetáculo. "Quando estávamos no cinema", minha amiga me explicou na hora da sobremesa, "ele sempre parecia entusiasmado. Pegava na minha mão durante todo o filme e me dizia o quanto gostava de ir ali comigo, me dizia que quase não lembrava como era ir ao cinema sem mim. E eu não interrompia o filme com comentários, esperava sem me mover até o final dos créditos e comentava com ele os detalhes quando voltávamos caminhando para casa."

Piera era a companheira perfeita para seu parceiro nesses momentos, ao menos ela pensava isso até o dia em que ele rompeu a relação. Nessa data, descobriu algo que a deixou boquiaberta. "Ele não lembrava com quem tinha ido ver a metade dos filmes. Começamos a falar sobre os bons momentos, e eu dizia: 'Você lembra quando fomos ver este filme?'. E ele respondia: 'Sim, sim, muito bom. Mas acho que não fui com você, ou fui?'. Ele não lembrava, Penélope, ele não tinha nem idéia."

A experiência de Piera, mesmo lamentável, não é uma exceção. O tempo e o desencanto transformam muitas vezes um namorado, marido ou amante respeitável em alguém incapaz de reter na memória momentos que, no melhor dos casos, talvez tenha preferido esquecer e, no pior, nunca valorizou. Trata-se de uma experiência triste, ainda que a gente seja a responsável pela decisão de romper; e totalmente destrutiva quando o rompimento é iniciativa do homem.

Como sempre, uma garota Parker precisa estar preparada para essa situação. É importante lembrar que o momento de ser abandonada não é nem a hora nem a circunstância adequada para submeter o homem que está de partida a um exame de terceiro grau, ainda que seja uma prova sobre momentos felizes do passado. Perguntar se ele lembra como era romântica aquela canção ou aquilo que ele disse para você quando subiram o Everest não servirá para segurá-lo. Como também não servirá para que você se sinta melhor. No caso de ele ter guardado todos esses detalhes na memória, vai ser mais difícil para você deixá-lo ir embora; e se não for dessa maneira, você se sentirá ainda mais ferida, humilhada e decepcionada do que estava.

Normalmente, os rompimentos são a culminância de uma longa seca sentimental. São a cereja de um bolo assado por vários meses de desinteresse, falta de comunicação, frieza, tédio e, em alguns casos, também irritação. O cume de uma vigem como essa não é um lugar morno coberto de lindas recordações; as lindas recordações são, ao contrário, fardos que foram caindo no caminho que leva ao pico.

Quero dizer com isso que o fato de o homem não se lembrar de todas essas imagens de amor gravadas na sua memória não significa que ele nunca tenha amado você. Significa, ao contrário, que faz meses, talvez anos, que os sentimentos dele esfriaram e, com eles, também as recordações.

As lembranças se mantêm porque de vez em quando voltamos voluntariamente a elas. Evocamos, analisamos e, por isso, seguem dentro de nós. Se o seu namorado, marido ou amante deixou de amar você, provavelmente deixou de evocar essas lembranças, possivelmente as sepultou consciente ou inconscientemente em seu interior. E, por isso, a ausência das recordações não é mais a medida do amor que ele uma vez sentiu, mas, ao contrário, a prova do final desse amor, seja esse final definitivo ou não.

Quanto menos oportunidade você der nas conversas de separação para que elas machuquem, melhor. Nessas situações, você deve se imaginar como um cavaleiro com armadura, como um astuto guerreiro ninja que intui os golpes antes mesmo que esses tenham sido desferidos.

Não interrogue o homem que está de partida sobre lembranças e tampouco permita que ele interrogue você.

Você deveria aprender, se é que ainda não sabe,
que uma garota Parker jamais oferece a outra face.

Um escudo contra a torpeza masculina

Depois de romper com meu segundo homem que voltou, passamos algumas semanas mantendo longas conversas por telefone. Ele estava então em Chicago, e eu, em Portofino, refugiada em uma das casas de verão da minha avó materna. Naquelas conversas demoradas, difíceis e geralmente interrompidas pelas lágrimas, descobri uma nova faceta – ao menos uma faceta desconhecida até então para mim – daquele que havia sido meu namorado: a extravagância insensível.

É razoável, eu pensava naquele momento, que se um homem abandona sua namorada, se a machuca, se destroça o coração dela, deve fazer tudo o que está a seu alcance para que esse episódio seja o menos dolorido possível para ela. Se não há ódio, eu pensava então, se não há rancor, se não houve grandes recriminações na separação, ele deveria assegurar que a delicadeza e a correção fossem as últimas coisas de que ela sentisse falta naquele momento.

Mas, como certamente já aprendi por experiência própria, o comportamento dos homens durante os rompimentos amorosos pode ser tudo, menos razoável. Durante aquelas terríveis conversas de separação e como muitas mulheres em situações similares, eu esperava ouvir todo o tipo de desculpas. Esperava ouvir "Sinto muito", esperava ouvir também "Não quero machucar você", esperava ouvir "Você merece alguém melhor do que eu", esperava, inclusive, um "Também é difícil para mim". Mas o que eu não esperava, o que nunca imaginei, foi que escutaria um alegre "Acho que vou fazer um *tour* pela América Latina, tenho muita vontade de ir para a Amazônia".

É possível que, visto de longe, isso possa ter alguma graça. Asseguro para você que naquele momento não teve.

Naturalmente, o *tour* pela América Latina não se concretizou. Com o tempo, descobri que não era mais do que uma abrupta tentativa para escapar da espiral de dor, própria e alheia, em que ambos estávamos imersos. Como as lagartas da seda tecem um casulo que protege depois a crisálida, muitos namorados, maridos e amantes que abandonam suas parceiras tecem uma rede de extravagância insensível a seu redor para escapar da tensão das separações e do drama das conversas que as acompanham.

Não vou negar que não é o que eu chamaria de comportamento heróico, mas é bastante comum. No meu caso, foi uma viagem pela América Latina, em outros pode ser comprar uma motocicleta, aprender a pilotar um carro de Fórmula 1, fazer uma tatuagem ou sair dia e noite em busca de farra e álcool. O que se pode fazer? Proteger-se ferreamente. Uma vez mais, uma das grandes artes de uma garota Parker.

Se você pensar bem, as extravagâncias insensíveis não são o pior que podemos temer do homem que parte. As perdas de compasso são, ao contrário, a demonstração mais clara e palpável de que ele também está passando por um mau momento e de que a separação alterou em boa medida a vida dele. Ser solícito em excesso, demonstrar preocupação constante pelo seu bem-estar e outras atitudes parecidas demonstram que, para ele, o final da relação é uma liberação e não uma crise. O "Quero que você fique bem", "Por favor, me chame se precisar conversar", "Não quero que você fique sozinha" e frases similares são as que devem deixar você ferida.

Somente um homem profundamente alterado pode decidir percorrer o Amazonas duas semanas depois de ter rompido uma relação de vários anos. Somente um homem que deseja fugir de algo que é para ele muito doloroso sai dia e noite e bebe até o coma etílico numa situação como essa. Por essa razão, você não deve permitir que os comentários e planos para o futuro do homem que parte minem o seu estado de ânimo. Pense que é preferível ele querer escalar o K-2 do que se aposentar na sua porta e lhe oferecer um ombro cheio de remorso para você derramar sua dor e seu rímel sobre ele.

Os homens, dizia Dorothy Parker, têm todos a mesma idade. Sem chegar a esse extremo de auto-suficiência feminina (uma garota Parker jamais finge auto-suficiência), é preciso reconhecer que existem certos arquétipos de comportamento tanto em homens como em mulheres. A extravagância insensível masculina é um deles.

A próxima vez que um homem abandonar você e disser que decidiu vender a casa e dar a volta ao mundo, olhe para ele com ternura, sorria docemente e, depois, lhe deseje sorte.

Acredite em mim, ele vai precisar.

A grande assinatura Parker

Ao longo dos capítulos 4 e 5 deste livro, analisamos a fundo o modo como uma garota Parker se comporta durante uma separação. Explicamos como dominar a arte de ser admiravelmente rejeitada, como conseguir não fazer uso das lágrimas, como manter a calma no meio da tempestade ou como evitar fazer uma confissão da qual possamos nos arrepender mais tarde. Nessa mesma linha, relatamos quais são os limites do instinto de retenção, como conservar pontes erguidas depois da separação ou qual é o valor de deixar uma última imagem inesquecível na retina do homem que parte.

Mas, uma vez aprendido tudo isso, uma vez dominadas essas técnicas de comportamento externo, chega o momento de encarar a grande assinatura. E a grande assinatura para uma garota Parker não é outra senão evitar que a separação rache o seu interior e o faça explodir em mil pedaços. Porque de pouco serve manter um comportamento impecável, sair do aperto de cabeça erguida e sorriso nos lábios se uma vez em casa deixamos que o abandono acabe com a nossa autoestima, a nossa fortaleza e a nossa personalidade.

Nós, mulheres, tendemos a nos culpar quando somos abandonadas. Não me refiro somente a nos culpar pelo motivo da separação, mas por não haver preenchido as expectativas do homem que partiu. Nós nos transformamos em juízes implacáveis, cegos e parciais de nossa personalidade, de nossa aparência e de nosso comportamento. Assim, geralmente a namorada, a amante ou a esposa abandonada chega à conclusão de que nunca foi bonita o suficiente, inteligente, divertida, independente, doce ou compreensiva o suficiente. Não deveria ter insistido tanto nisso ou se dedicado tanto àquilo, não era culta o bastante, não se vestia adequadamente, não era atraente como deveria ser, não tinha as pernas bonitas. Esse processo que sucede a separação e que, às vezes, se prolonga por meses é a maior ameaça para as mulheres abandonadas e termina sendo muito mais destrutivo do que a própria separação.

Poucas dessas mulheres, uma vez superados o primeiro desgosto e a incredulidade, assumem os erros de seu parceiro ou reconhecem suas carências. Acusam-se de não ser bonitas o bastante, mas esquecem do aspecto duvidoso do homem que partiu ou da sua esplêndida calvície. Flagelam-se com a idéia de não haver sido perspicazes ou inteligentes, mas enterram as debilidades que ele tinha em certos campos, a falta de cultura literária ou o modo como ele fazia ressoar as chaves nos concertos de música barroca. Sim, aparentemente as conversas dele sobre as últimas tendências artísticas eram muito profundas, mas acreditava que a pintura pré-rafaelista havia precedido Rafael. Tampouco hesitava em dissertar sobre as novidades literárias, mas estava convencido de que a *Conjuração de Catilina* era a história de uma vestal romana; assegurava ter lido as obras completas de Sócrates e dava por certo que os transcendentalistas formavam uma seita religiosa. Ele se considerava um homem civilizado, mas não hesitava em partir para a briga em público quando o sangue subia para a cabeça. Julgava as pessoas pelas aparências, mas não sabia distinguir uma moeda autêntica de uma falsa, um bom sapato feito a mão de um fabricado em série, uma cômoda eduardiana de uma imitação.

Mesmo que tudo isso possa parecer uma caricatura exagerada, as mulheres abandonadas tendem a se martirizar por seus defeitos, sejam eles reais ou imaginários. É uma atitude masoquista, destrutiva e errônea. Porque se as separações fossem fruto de fatores tão superficiais como a beleza ou o engenho, as mulheres que possuem esses atributos jamais seriam abandonadas. Ao contrário, a experiência nos diz que sim, elas são abandonadas. Se fizer uma lista das celebridades ou das personagens femininas que você admira, verá como não estão livres de abandonos e separações. Se você analisar as grandes escritoras, as grandes atrizes e as grandes heroínas da história, descobrirá como também elas foram algumas vezes infelizes no amor. E, no entanto, seus fracassos não tiram o valor delas como pessoa. Isso não ocorre porque o êxito ou o fracasso não é a única medida do ser humano. Não o é em nenhum campo, tampouco no amor.

A próxima vez que você for abandonada e decidir lançar dardos envenenados contra si mesma, recorde todas essas maravilhosas, lindas e inteligentes mulheres que alguma vez foram, como você, abandonadas por seus namorados, maridos ou amantes. Lembre-se delas, e que essa recordação faça você reagir e descartar os pensamentos autodestrutivos.

Depois, volte para casa, tome um banho com sais e, enquanto imerge na água, pense em todas as qualidades e os defeitos que fazem de você uma mulher única.

Um dia perfeito para tomar uma decisão

A casa da minha tia-avó Sarah em Connecticut se ergue na sombra de um enorme e frondoso carvalho. Não se trata de um carvalho americano, mas de um *quercus robur*, a árvore sagrada dos antigos povos europeus, o sentinela a que as tribos celtas atribuíam poderes mágicos. Quando era criança e viajávamos todos os outonos para visitar meus avôs paternos no Canadá, meus pais faziam uma parada na enorme casa da tia-avó Sarah. Ali, costumava me atirar num banco de madeira sob o velho carvalho e pensar. Pensava nos meus pais, nos meus amigos do colégio, no cheiro de jasmim que inundava a minha casa na Índia, nas contínuas mudanças a que a condição de diplomata de meu pai nos obrigava, nos livros que eu roubava da biblioteca da minha mãe, no *borsch* que a cozinheira moldávia da tia-avó Sarah preparava.

Com o tempo, cheguei a inventar um sistema de comunicação entre mim e a árvore. Jogada embaixo de seus galhos, eu falava em voz alta os meus problemas, minhas encruzilhadas, minhas dúvidas e indecisões. Depois, perguntava o que devia fazer, como agir, que opção convinha escolher. Eram perguntas objetivas que se respondiam unicamente com um *sim* ou um *não*. Se o carvalho deixava cair uma bolota sobre mim, a resposta era afirmativa. Se, ao contrário, nenhuma bolota caía no chão, eu interpretava que a árvore tinha dito não.

O venerável carvalho da minha tia-avó Sarah decidiu assim sobre aspectos muito diversificados da minha vida. Devo a ele a escolha, entre dois possíveis pretendentes, de meu primeiro namorado dos tempos da escola. Também foi decisão dele que eu estudasse piano e não violoncelo, que me matriculasse numa universidade norte-americana e não britânica, que aprofundasse o aramaico e deixasse para mais tarde o sânscrito, que escrevesse minha tese sobre Salústio e não sobre Horácio. Durante anos, se transformou em meu oráculo. Como os antigos procuravam Delfos, eu peregrinava cada outono até a casa da tia Sarah para ser aconselhada por golpes de bolotas ou por golpes de silêncio.

Mas, num entardecer, tudo mudou. Com a confiança de costume, me deitei debaixo da árvore como havia feito nos dez anos anteriores, olhei para cima, formulei uma pergunta e, antes que tivesse tempo de terminá-la, uma enorme bolota se desprendeu de um galho e caiu no meu olho direito com uma força quase sobrenatural. A próxima coisa que lembro é do serviço de urgência de um hospital e de um jovem médico examinando com incredulidade sua primeira córnea ferida pelo impacto de um fruto silvestre.

Aquilo significou o fim da comunicação entre mim e o carvalho. Jamais voltei a perguntar nada a ele, não voltei a deitar sob seus ramos nem a confiar em nenhum tipo de bolota.

Minha experiência de adolescente com o carvalho da tia Sarah é um exemplo para ilustrar um dos aspectos mais difíceis da separação: o momento de cortar a comunicação. Da mesma forma que uma dor aguda, uma dor insuportável pôs fim ao meu idílio de dez anos com a velha árvore da minha tia-avó, a intensidade do sofrimento sentimental é a medida que uma garota Parker deve utilizar para colocar limite nos cafés esporádicos, nas mensagens e nas conversas com o homem que partiu. "Vil é se mostrar fraco, seja nas obras, seja no sofrimento", rezava o satã de Milton. A fraqueza no sofrimento é, uma vez mais, algo que qualquer mulher pode se permitir.

Qualquer mulher, mas não uma garota Parker.

Em que pese isso, não vamos nos enganar. Requer fazer o esforço de escolher entre duas opções igualmente dolorosas: uma delas – a separação – infligida pelo outro; a outra – o fim da comunicação – escolhida por você mesma e, portanto, mais difícil de suportar do que a anterior.

Como ocorre na maior parte das ocasiões, optar pela fraqueza significa escolher o pior dos caminhos. Significa se agarrar a um contato que já não significa o que um dia significou. Implica aceitar uma dose cada vez mais baixa de atenção e estar à mercê de que o namorado, marido ou amante acorde um dia com a sensação de que tem um peso preso nos pés. Implica que num ou noutro momento apareça uma terceira pessoa que acabe com o contato e, de passagem, com a auto-estima da namorada, esposa ou amante abandonada. Implica aceitar uma dor lenta e renunciar, em troca, a qualquer esperança de encerrar essa etapa com dignidade e com respeito.

Se você acaba de ser abandonada e não sabe quando ou como vai conseguir forças necessárias para fechar o cadeado, lembre que a compaixão nunca foi uma ponte até o amor. Olhe-se no espelho cada manhã e observe seu rosto. Veja a tristeza que está nele, veja os restos da ansiedade, das vezes que chora por dia, das noites que não dorme, da comida que deixa no prato.

Veja tudo isso e depois terá a resposta de quando e de como.

Nenhum homem merece que você entregue sua vida e sua felicidade, a não ser que ele esteja disposto a fazer o mesmo por você.

O seu homem está disposto? Então, você já sabe o que tem de fazer.

Faça hoje.

Capítulo 7

– Por que não morri, então? – disse Maslova, de repente, e começou a chorar.

Leon Tolstói, *Ressurreição*

As garotas Parker escolhem seu destino

Quando Marianne Dashwood, uma das duas heroínas de *Razão e sensibilidade*, de Jane Austen, descobre que o homem amado decidiu se casar com outra, sua dor é tão insuportável que quase acaba com ela. Marianne, protótipo da mulher romântica, não consegue compreender como o objeto da sua devoção coloca na frente desse sentimento as vantagens de um casamento com uma dama que possui uma renda de cinqüenta mil libras anuais. Logo ela também descobrirá que, além de interesseiro, esse homem é um canalha. "Não me importa que saibam que estou derrotada, que o mundo conheça livremente a vitória dele (...). Tenho de sentir... Tenho de ser infeliz, e que aproveitem, se querem me ver assim", lamenta frente às tentativas da irmã em consolá-la.

Fruto da fraqueza que o jejum, a insônia e a dor provocam nela, Marianne cai gravemente doente pouco depois de sair para "deliciosos passeios vespertinos" e voltar com os sapatos e as meias molhadas. Sua doença e sua dor são as mesmas que inundam a Natasha de Dostoiévski em *Humilhados e ofendidos*, a Tatiana de Púchkin, a Anna Karenina de Tolstói, a Ofélia de Shakespeare, a Catherine Earnshaw de Emily Brönte ou a Emma Bovary de Flaubert. É uma dor que você, se está lendo este livro, seguramente conhece também. Porque é a mesma dor que toda mulher abandonada sentiu alguma vez.

A dor sentimental é a doença que se segue ao rompimento. Às vezes, é preocupante e se percebe imediatamente, em outras, surge devagar e finca suas raízes em silêncio. No primeiro caso, os sinais são inconfundíveis: a angústia, as lágrimas, a ansiedade e o desespero são sentimentos comuns às mulheres apaixonadas e abandonadas. Também o são o ódio, o rancor, a incredulidade, o desprezo e a autocomiseração. Todos eles constituem mostras de uma dor aguda que dura dias, até semanas, talvez um mês, mas que não costuma ultrapassar muito mais, seja porque tudo o que é intenso costuma ser breve ou porque ninguém é capaz de suportar uma tensão emocional dessa magnitude por muito tempo.

Mas o segundo tipo de dor, surda e calada, que chega depois das primeiras semanas ou do primeiro mês, é o mais perigoso e o mais destrutivo. É essa dor que não mostra sinais de exaltação, que se torna rotineira e que, por isso mesmo, desgasta e mina sem que se perceba externa nem internamente. As lágrimas silenciosas, a falta de apetite, o cansaço físico e a sonolência são sinais que evidenciam esse segundo tipo de dor.

Seu alimento é sempre o mesmo: os dias passam devagar e não há notícias do homem que partiu. A princípio, se espera impacientemente um telefonema, uma mensagem por e-mail, uma carta. Mas o tempo acaba com essa esperança, e é então que chega a tristeza crônica, que se perde peso, que desaparece a vontade de se maquiar ou de se vestir, que não se pode suportar assistir a filmes de amor, caminhar nas ruas nas quais andou com ele, ir àquele restaurante favorito, ver um casal se abraçando num parque.

"Tenho de sentir, tenho de ser infeliz", repete Marianne Dashwood do poço de seu desespero. E, no entanto, a grande verdade é que não há por que sofrer, não há por que ser infeliz. Ao menos, não indefinidamente. Certamente, a tristeza é inevitável durante algum tempo, se partimos do fato de que havíamos amado o homem que partiu, mas expandir a dor mais do que o razoável não é uma necessidade, é uma escolha. Marianne Dashwood sofreu além do tolerável, sofreu até o limite de suas forças. E o sofrimento não serviu para nada além de impedi-la de ver como a vida seguia ao seu redor, mesmo quando ela sofria.

Sofrer depois de um rompimento é natural e até saudável. Certa dose de dor permite que conheçamos a nós mesmas até um ponto inimaginável e põe à prova o caráter e a capacidade de resistência. Mas a dor excessiva não ajuda nem fortalece: só destrói. Por isso é importante ser consciente de que a dor sentimental deve ter um limite. E também é importante se rodear de familiares e amigos com força suficiente para apontar esse limite.

Ao contrário das Mariannes Dashwood do mundo real, uma garota Parker sabe que seu destino é ser feliz, não infeliz. Sabe que o orgulho e a independência não pertencem somente a quem sofre pouco, como pensava Marianne, mas a quem, mesmo tendo sofrido muito, tem o valor de se levantar depois de cair.

Felizmente, nas páginas finais de *Razão e sensibilidade*, Jane Austen nos coloca de volta no bom caminho: "Marianne Dashwood havia nascido para um destino extraordinário. Havia nascido para descobrir a falsidade de suas opiniões e para contrapor, com suas obras, suas mais estimadas máximas."

Como dominar os *flashes*

Há quem se surpreenda ainda que, de vez em quando, quase sempre em algum lugarejo dos Estados Unidos, alguém afirme ter visto Elvis Presley. E, no entanto, não há nada mais natural do que ver de forma insistente a imagem de uma pessoa que se deseja muito ver. As mulheres que sofreram um rompimento sabem perfeitamente o que eu quero dizer. Uma das experiências mais desestabilizadoras das separações consiste em deixar para trás o ex, seja ele do tipo que for, para quase imediatamente depois começar a vê-lo nas multidões, na fila do cinema, na seção de comida macrobiótica do supermercado ou num posto de informação da British Airways no aeroporto de Singapura.

Certamente, nenhum dos que vêem Elvis Presley e poucos dos que avistam os seus ex gozam de um sentido de equilíbrio invejável. Ninguém se atreveria a negar que é possível encontrar um antigo parceiro algumas vezes. Mas o tipo de visão a que me refiro não pode ser nomeado pelo termo "algumas vezes" e sim pelo bastante menos moderado "continuamente". Avistar numa manhã o ex-namorado ou marido na seção de gravatas de uma grande loja é relativamente normal. Encontrar com ele na rua três vezes nesse mesmo dia, dar com ele no mesmo restaurante, vê-lo no ônibus e, quase imediatamente depois, observá-lo pegando um trem de alta velocidade é, definitivamente, um exagero.

"Quando era meu marido, não o via nunca. Agora, ao contrário, o vejo em todos os lugares", me contou com certo humor Hariza, uma mulher que entrevistei em Abbdis Abeba. Desde que o marido a tinha abandonado, Hariza não parava de vê-lo em todos os cantos da cidade, no mercado, diante da mesquita ou na porta de sua casa. Uma experiência idêntica foi relatada por Jocelyn, uma canadense radicada na Colômbia que, depois de romper com o namorado, não deixava de encontrá-lo aonde quer que dirigisse o olhar. "O incrível, Penélope, é que José era careca e baixinho. Veja bem, careca e baixinho. Quantos homens no mundo você acha que se enquadram nessa descrição?", confessou ela durante a conversa para este livro. Durante vários meses, cada vez que Jocelyn vislumbrava um careca baixinho, o coração dela dava um sobressalto e, por um segundo, tinha certeza de que era ele. Depois, se tranqüilizava, focava melhor a visão e se dava conta de que não era.

Na realidade, a insistência de Hariza e de Jocelyn em ver o homem que partiu em cada rosto e em cada corpo é a manifestação mais comum de uma das primeiras reações pós-rompimento: os *flashes*. Os *flashes* – visões fugazes e imaginárias – não se limitam a transformar rostos e corpos de cidadãos anônimos em réplicas do homem que partiu, também costumam reproduzir de forma insistente cenas completas da relação que terminou. Há ocasiões em que essas cenas são duras ou conflitantes; na maioria das vezes se trata de momentos felizes e prazerosos.

É precisamente essa revisão dos momentos agradáveis e a conseguinte e abrupta volta à realidade que faz dos *flashes* uma experiência perigosa e um impulso que deve ser evitado. Porque como todo exercício numa mente sã, os *flashes* podem ser controlados. Não vou negar que esse controle requer uma considerável vontade e uma boa dose de concentração, mas tanto a vontade como a concentração são virtudes clássicas de uma garota Parker.

No meu caso, as árvores sempre foram um valioso recurso para controlar os *flashes*. Minha preferida é o gingko, uma árvore fabulosa com folhas em forma de leque sob a qual contam que Siddharta alcançou a iluminação. No outono, as folhas do gingko se desprendem e formam um tapete de ouro ao redor do tronco. Cada vez que minha mente começa a evocar imagens dolorosas do passado, substituo imediatamente essa visão pelo retrato luminoso de um velho gingko no outono.

Pode parecer um pouco simples, mas, acredite em mim, funciona. Talvez no seu caso não precise ser uma árvore, pode ser o rosto de uma pessoa da família, pode ser um amigo, uma paisagem que você recorde com carinho, o olhar do seu gato ou cachorro ou o sorriso de um ator de cinema. Não importa qual for a imagem que você escolher, o importante é que sirva para substituir e fazer desaparecer imediatamente esses *flashes* que levam você para o passado e a impedem de caminhar para o futuro.

A mente pode se transformar na melhor amiga, mas também na pior inimiga de uma mulher abandonada. Por isso, se transformar numa garota Parker implica aprender a dominar a imaginação e subjugar as lembranças.

Mais tarde, num belo dia, você poderá abrir a mão
e deixar as lembranças voarem.

Amigas que ajudam e amigas que atrapalham

Se você olhar para trás, verá que no capítulo 3 analisamos dois tipos de mulheres fundamentais para qualquer garota Parker: as mulheres em quem se inspirar e as mulheres de quem se deve fugir. Esta distinção, válida ao longo das diferentes etapas da vida, é especialmente importante nos primeiros meses após a separação. É então que a mulher abandonada se torna totalmente consciente das qualidades e dos defeitos das pessoas que a rodeiam e da capacidade delas para ajudá-la a superar a dor.

Meu primeiro remédio depois de uma separação é a companhia das mulheres da minha família e o respaldo das minhas amigas mais íntimas. A escolha das primeiras é papel da natureza. A das últimas, no entanto, é resultado de outra importante classificação que toda garota Parker deve aprender a fazer: a diferença entre as amigas que atrapalham e as amigas que ajudam.

Nesse, como em outros tantos assuntos, não há receitas mágicas que nos permitam tomar a decisão correta. Ao falar desses tipos de amizades não pretendo sugerir que se faça do rompimento uma espécie de rito de iniciação, de forma que algumas candidatas sejam coroadas e outras atiradas aos leões. Uma amiga que atrapalha no momento do rompimento pode ajudar na felicidade. E, no extremo oposto, há pessoas que dão o melhor de si mesmas na hora de ajudar as demais e, no entanto, se mostram fracas ou torpes quando as dificuldades desaparecem.

O certo, entretanto, é que uma mulher abandonada não pode se dar ao luxo de estar rodeada de pessoas que coloquem em perigo o seu já frágil equilíbrio. Ainda que seja duro dizer, não é o momento de ser delicada, cortês, dócil ou de ter consideração. Uma mulher recém-abandonada tem que conduzir sua vida com a mesma frieza que um equilibrista vigia os passos na corda-bamba. Seu primeiro dever, sua primeira tarefa é se assegurar de que não há nada ao redor dela que possa desestabilizá-la e fazê-la cair. É por isso que é tão importante afastar as amigas que atrapalham e se aproximar das que ajudam.

Nenhuma mulher precisa de um manual de instruções para saber quais amigas são um apoio e quais não são. Essa amiga que nos acalma e faz a gente se sentir melhor, fala com clareza e doçura, insiste para normalizarmos nossa vida, mas não nos força a isso, nos arranca um sorriso mesmo no momento de maior baixo-astral ou nos faz pensar várias vezes para desfazer uma idéia fixa, essa é a amiga que ajuda. Ao contrário, essa outra amiga, também bem-intencionada mas inoportuna ou com pouca capacidade de empatia, essa amiga que nos irrita, se impacienta, é dura ou não tem consideração, essa é a amiga que atrapalha.

Contar com uma ou duas amigas que ajudam quando se vive uma separação é ter um tesouro. Saber que podemos pegar o telefone e falar com uma voz compreensiva e serena, que podemos tomar café com alguém que faz perguntas justas e lembra os detalhes importantes, que com ela é possível revisar e dissecar diversas vezes os fantasmas que povoam a mente até que, à força de análise, eles desapareçam por completo, é um valioso presente.

Dedique um tempo para elaborar sua lista de amigas que ajudam. Dedique um tempo antes que uma nova separação bata à sua porta.

Mas se assegure ao mesmo tempo de que você é merecedora de ocupar um lugar semelhante na lista das amigas de quem você gosta.

A beleza tem inimigos

A partir dos 25 anos, toda garota Parker deve contar com um bom cirurgião plástico ou, ao menos, com um bom médico esteticista. A razão é muito simples: a partir dos 25 anos, é preciso assumir que a aparência, assim como a inteligência ou a personalidade, faz parte de nosso capital e não deve ser desperdiçado.

Tenho que reconhecer que a cirurgia estética não me atrai e que somente a compreendo em casos excepcionais. No entanto, hoje em dia, as mulheres e os homens contam com um amplo leque de técnicas não-cirúrgicas que permitem manter a pele em bom estado, suavizar os estragos causados pelo tempo, o sol, os maus hábitos e as preocupações e, assim, conservar a beleza além do prazo razoável.

Entre os piores inimigos de uma garota Parker estão, sem dúvida alguma, o álcool e a nicotina. Mesmo sem mencionar o dano à saúde, primeira razão para abandonar o fumo, consumir cigarros é uma prática anacrônica que deteriora o aspecto da pele, impregna a roupa e o cabelo com um cheiro persistente e escurece os dentes. Abusar do álcool produz, por sua vez, aumento de peso, olheiras e subtrai frescor e vitalidade. Além disso, e ainda que poucas mulheres percebam isto, o costume de se arrastar de bar em bar, de cigarro em cigarro nos finais de semana significa atirar na lata de lixo todo o dinheiro investido em cremes, cosméticos e massagens. É possível que, se você tem vinte ou 25 anos, tudo isso não lhe importe muito agora, mas acredite, a partir dos trinta anos, você se importará. Dará uma importância até maior do que o razoável.

Se você tem mais de trinta anos, sabe perfeitamente do que estou falando.

Beber e fumar não são os únicos inimigos a combater. A falta de sono, a má alimentação e o excesso de sol cobram a conta quando chegamos a uma idade em que nem um bom cirurgião plástico pode fazer muito. "Vêm ao meu consultório mulheres que parecem ter passado a vida trabalhando no campo. São mulheres acomodadas, que estiveram anos se tostando no sol em barcos e praias e que, agora, aos cinqüenta, têm a pele tão grossa como a de uma camponesa", costuma contar o meu esteticista. Ficar na noite até as seis da manhã um dia sim, outro também, se lançar ao sol sem proteção suficiente (no caso do rosto, não se deveria tomar sol sequer com proteção) e comer mal significam comprar uma passagem para a decadência antes do tempo. Além disso, também significa renunciar a envelhecer com serenidade e beleza, pois a velhice e a beleza não têm por que serem excludentes, ainda que muitas vezes terminem por ser.

Há um último fator neste capítulo que muitas mulheres desconsideram. A tristeza, em geral, e especialmente a tristeza que sucede as separações, é a grande inimiga da beleza, a mais insidiosa, a menos controlável, a mais silenciosa. É uma arma de muitas lâminas porque ataca o físico em diversas frentes e faz tudo ao mesmo tempo: produz estresse e ansiedade, provoca insônia, afeta o apetite e faz perder peso ou, ao contrário, dispara a sensação de fome e faz ganhar uns quilos, desata torrentes de lágrimas que incham o rosto e ressecam a pele. É, por assim dizer, o terror da estética feminina. E, no entanto, poucas mulheres estão decididas a combatê-la.

É preciso reconhecer que quando uma mulher é abandonada, o cuidado com a beleza não é uma de suas prioridades. Nem pode ser, no momento em que você apenas pode pensar em si mesma e no homem que partiu. E, no entanto, enfrentar um rompimento convencida de que esse pode não somente arruinar nossa felicidade, mas também nosso físico, é uma diferença considerável. É possível que, nas primeiras horas, dias e semanas, seja muito difícil, para não dizer impossível, se preocupar em comer bem, dormir o suficiente, hidratar a pele e o cabelo, controlar o choro. Mas, depois, quando essa primeira investida de dor se afasta e se instala outra tristeza, da qual falamos no capítulo anterior, aí sim é possível prestar um pouco de atenção ao aspecto físico e impedir que a ruptura arranhe não somente a nossa vida, mas também a nossa beleza.

Ao contrário de ocasiões anteriores, aqui sim existem truques para alcançar essa meta. Como os *flashes*, que combatemos visualizando imediatamente uma imagem agradável, no caso das lágrimas, você deve repetir esta frase cada vez que tiver um acesso de choro: "Nenhum homem merece que eu acabe com meus olhos por causa dele, nenhum mesmo". Cada vez que você se sentir prestes a cair no choro, pense nessa frase. Vai ajudá-la bem mais do que imagina porque vai extrair de seu interior esse resto de orgulho que a separação sepultou, mas que ainda está ali.

Quanto à alimentação e ao sono, lembre que o objetivo de tudo o que narramos neste livro até agora é conseguir que o homem que partiu volte para você. E se esse é o objetivo, de pouco servirá pôr em prática estratégias e princípios se quando ele voltar não encontrar nada além de ruínas.

A separação não é o momento de abandonar a maquiagem, economizar nos cremes, descuidar da depilação ou deixar de ir ao cabeleireiro. Ao contrário, é o momento de se mimar, de se cuidar, de investir em cremes e massagens, de trocar a cor do cabelo, testar um novo corte ou deixá-lo crescer. É o momento de voltar para casa e, em vez de se jogar na cama e chorar, preparar um bom jantar, encher a banheira de água quente e mergulhar nela e, depois, ler um bom livro na cama e dormir placidamente.

Não esqueça que conservar e cuidar da beleza supõem manter o orgulho e a auto-estima que fazem de uma mulher um ser fascinante e maravilhoso.

Sim, é difícil e, sim, requer esforço.

Mas isso você já sabia antes de começar a ler este livro.

Conversas íntimas com o espelho

Quando eu era criança e vivia na casa que meus pais têm em Nova Déli, adotei o hábito de falar sozinha na frente do espelho. Quando me sentia triste ou solitária, incompreendida ou assustada, me aproximava de um enorme espelho que havia num canto do meu quarto e começava a falar. Era uma verdadeira conversa, um animado diálogo no qual uma parte de mim se expunha e outra repreendia, uma parte aconselhava e a outra consolava. Com o tempo e à medida que fui crescendo, conservei o costume, mas mudei o cenário. Já não se tratava do espelho do meu quarto, era o espelho de um hotel, de um novo apartamento, do banheiro de um avião, do lavabo de um aeroporto, de um restaurante ou de um clube. Os diálogos, no entanto, eram os mesmos e o efeito, como sempre, profundamente tranqüilizador.

Ao longo de minhas experiências com o homem que partiu, os diálogos com o espelho foram um valioso apoio. Mesmo contando com um amplo grupo de amigas que ajudam, com um fiel séqüito de amigos e ex-namorados dispostos a me dar um ombro para chorar, houve momentos em que somente o diálogo com o meu outro eu me deu descanso. Momentos no meio da noite em que unicamente o espelho podia me repreender com a firmeza necessária e a confiança suficiente para me fazer raciocinar. Da mesma forma que há pessoas que precisam escrever cartas para extrair tudo o que têm dentro de si, há outras que usam o espelho para desdobrar sua personalidade e dizer a si mesmas o que precisam ouvir.

Enfrentar a própria imagem com os olhos vermelhos de tanto chorar é um bom incentivo para reagir num momento de sofrimento. Não há saída então, não há desculpas, não há visões românticas da dor, não há suavidade. Em pé na frente do espelho, se vislumbra a realidade sem enfeites: ele se foi, e não estamos apenas sozinhas mas também estamos horríveis. Assim, enquanto chorar sobre a cama ou o sofá é um episódio de dor romântica, chorar na frente do espelho é uma experiência dura e profundamente real. Depois de ter vivido essa experiência, poucas mulheres continuam se entregando ao sofrimento, porque a sensação de se ver acabada em frente de si mesma dura o suficiente para encontrar forças na fraqueza e se erguer.

Da próxima vez que você se abandonar às lágrimas depois de uma separação, me ouça: procure um lindo espelho na sua casa e se olhe nele. Leia em seu rosto as marcas do sofrimento e se anime em voz alta, diga a si mesma tudo o que você sabe, tudo o que conhece, tudo o que faz de você uma garota Parker.

Depois, quando já não suportar mais ver tanta angústia, enxugue as lágrimas, lave o rosto, se maquie com cuidado e saia para comprar um belo par de sandálias.

Você se sentirá melhor, eu garanto.

Manter a mente sob controle

"Ó, dor sem fim! Ter visto o que vi, e vê-lo assim!", lamenta Ofélia no drama de Shakespeare. A certeza de que Hamlet havia perdido a razão, a dureza do tratamento que recebe dele e a tristeza provocada pela morte do pai a levam ao desespero e provocam seu suicídio. Um suicídio como todos, nada belo, embora a pintura pré-rafaelista tenha deixado uma evocação romântica da morte de Ofélia no rio.

O suicídio feminino – o suicídio de Ofélia – não é nem de longe uma exceção no comportamento das heroínas literárias clássicas: Julieta, Emma Bovary, Edna Pontellier, Anna Karenina... A lista é longa, e a conclusão é óbvia: o desamor traz consigo pensamentos negativos que, se levados ao extremo, conduzem à autodestruição.

Os pensamentos negativos que rondam a mente das mulheres abandonadas não têm por que chegar ao extremo de Ofélia. Felizmente, na maioria das vezes isso não acontece. Entretanto, a mente de uma esposa, amante ou namorada abandonada é um espaço fértil para idéias obscuras e pensamentos tristes. Como já relatei no capítulo 6, às vezes são idéias negativas sobre o aspecto físico ou a inteligência. Em outras ocasiões, se referem à impossibilidade de seguir em frente sem o homem que partiu, ao convencimento de que se perdeu toda a chance de ser feliz ou ao medo de nunca mais voltar a se apaixonar.

– E se eu não voltar a me apaixonar? E se me transformo numa dessas mulheres que não pára de recordar o amor da juventude porque não encontrou outro? – me perguntou uma manhã a minha amiga Gabrielle enquanto fazíamos uma massagem na minha suíte do hotel Hyatt de Shangai, com uma fabulosa vista da cidade a nossos pés.

– Você voltará a se apaixonar, talvez até pelo mesmo homem. Você já sabe o que eu penso sobre isso – respondi, um pouco cansada depois de analisar exaustivamente durante dois dias o comportamento do marido de Gabrielle, que acabara de abandoná-la e de quem ela estava se divorciando.

– E se não for assim?

– Se não for assim, o mundo vai seguir girando, e você encontrará a forma de ser feliz – reafirmei. – E, enquanto isso e quando menos esperar, um homem verá você girando com o mundo, estenderá os braços e fisgará você.

Fisgaram-na, sou testemunha, e sua história teve um final feliz.

Mas nem sempre ocorre assim.

Há ocasiões em que os pensamentos destrutivos atuam como uma barreira que impede de ver até mesmo o horizonte. Como essas mulas que portam viseiras para não se desviar da rota, muitas mulheres abandonadas caminham sem possibilidade de escolher uma direção, cegadas por idéias preconcebidas e pensamentos destrutivos que as impedem de ir em frente.

Aparentemente, muitas dessas mulheres se recuperaram de seus rompimentos amorosos. Deixaram para trás as lágrimas, a tristeza crônica, a expressão de tédio. Mas não estão curadas. Se observarmos seu comportamento com atenção, descobriremos que não têm a alegria de antes, que a maneira como se relacionam mudou, que o cuidado com que se arrumavam para ir a um jantar ou para tomar um *drink* desapareceu. Já não acreditam que irão se apaixonar de novo, já não têm fé em que isso ocorra. E, uma vez que perdem a fé, perdem a esperança e com ela as possibilidades de conseguir o que um dia desejaram.

Os pensamentos negativos não são mais do que isso, pensamentos. Não são barreiras intransponíveis, não são muralhas. Não são mais do que pedras no caminho e, como tais, podem ser superados. A mente – já disse várias vezes – pode ser domesticada, forjada e moldada, como a argila com a qual criamos nossas primeiras figuras quando somos crianças. Por isso, se há um momento no qual é preciso se impor sobre a mente, no qual é preciso sujeitá-la sem consideração, esse é o momento da separação.

Uma garota Parker, ao menos uma que se preze, mantém a mente sob controle e guarda a esperança à chave.

Uma garota Parker, haja o que houver,
jamais perde a fé.

Uma garota Parker guarda os presentes

Uma das melhores formas de vislumbrar como foi a vida sentimental de uma mulher é examinar os presentes que ganhou dos homens que a amaram. Há mulheres que guardam valiosos tesouros: jóias, peles, fabulosas edições de livros, maravilhosos vestidos. Há outras, como no meu caso, que conservam tesouros simples, detalhes bobos e espontâneos.

No meu cofre de presentes de homens que me amaram, guardo duas pedras recolhidas junto ao túmulo de Emily Brönte, um tecido antigo trazido do Peru, vários colares e pulseiras do artesanato inca, um sari bordado com ouro, dezenas de poemas de amor, uma estatueta de madeira roubada de um coquetel numa embaixada, uma pulseira *art déco*, um álbum de recortes e recordações da história que tive com o homem que me deu o álbum de presente, vários vestidos de uma loja que tem o meu nome em Madrás, um vestido de seda chinesa, o primeiro brinquedo de um dos homens que me amaram, flores, uma edição antiga das obras seletas de Shakespeare... A lista é longa, e o principal valor dela não é econômico. Talvez porque, no meu caso, sempre amei homens suficientemente inteligentes para saber que o que eu queria deles não eram os presentes caros.

Algumas mulheres consideram importante receber, de vez em quando, um brilhante ou umas pérolas. Entretanto, nós, garotas Parker, deixamos esses presentes para mais adiante. Talvez depois de fazer quarenta anos; certamente nunca antes dos trinta. "As pérolas antes dos cinqüenta envelhecem", costumava dizer minha tia-avó Sarah. Eu acho que ela tem razão.

A ternura dos presentes dos namorados, maridos e amantes é a face amável da moeda, mas essa também tem a sua cruz. Quando chega a separação e durante os meses seguintes, cada um desses detalhes se transforma numa recordação viva do homem que partiu, numa luva de boxe que nos golpeia várias vezes no mesmo ponto. É então que se chega à terrível encruzilhada: decidir se desfazer dos presentes ou conservá-los dia após dia até se acostumar com a sua presença sem sentir dor, mesmo com o risco de adiar assim o momento da recuperação.

Na realidade, há uma terceira solução, não tão drástica como a primeira, mas bem mais eficaz do que a segunda. Assim como muitas mulheres não rasgam as fotografias do homem que partiu, mas as guardam até que o tempo permita voltar a vê-las com serenidade, reunir os presentes e guardá-los num lugar de difícil acesso ou mesmo na casa de alguém próximo é uma boa forma de se blindar frente à dor. Também é uma forma de conservar o testemunho de uma época que, goste você ou não, fez parte da sua vida.

Se você teve a sorte de encontrar um homem que amou profundamente e com quem foi feliz, me ouça: procure um lugar afastado e seguro para todas essas recordações. Chame uma amiga e peça a ela um canto no sótão ou no porão. Tranque tudo num baú e guarde no alto de um armário, longe do seu alcance e longe da sua vista. Guarde-os todos, também as cartas e as fotografias. Guarde tudo, e depois olhe ao seu redor.

A partir de agora, você tem tudo a seu favor para se recuperar.

Aproveite a oportunidade.
Ela também é um presente.

Capítulo 8

> Bem – pensou seriamente –, eu tenho algo que as outras mulheres não têm, mesmo as mais bonitas... É uma cabeça que tomou uma firme resolução.
>
> Margaret Mitchell, *E o vento levou...*

Como sobreviver à falta de notícias

Um dos aspectos mais difíceis de compreender no método Parker é a necessidade de esquecer realmente o homem que partiu. Não se trata de apagar a sua lembrança, tampouco de se convencer de que ele nunca existiu nem fingir que jamais teve um papel na sua vida. Esquecer realmente o homem que partiu no sentido do método Parker significa simplesmente deixar de esperar por ele. Soa muito singelo, parece muito simples, mas é terrivelmente difícil de se conseguir.

Há mulheres que não percebem a diferença entre esquecer e fingir que esqueceu; mulheres que acreditam que atuando como se tivessem esquecido o homem que as abandonou a tarefa está feita. De certo modo, têm razão. O primeiro passo para esquecer o homem que partiu consiste em atuar como se já o tivesse esquecido. Mas fingir não é o suficiente. Por melhor atriz que você seja, chegará algum momento em que perceberá que está fazendo apenas isso: desempenhando um papel.

Esquecer o homem que partiu requer bem mais esforço do que o necessário para fingir. Requer se levantar a cada manhã e seguir todas as pautas de recuperação que apontei nos capítulos anteriores: comer bem, dormir bem, se cuidar e se arrumar, se cercar de amigas que ajudam, guardar as fotografias e os presentes, adotar técnicas para eliminar os *flashes*... Requer se convencer de que até esse homem desaparecer da sua mente, até a imagem dele deixar de ser o primeiro e o último pensamento do dia, até você parar de abrir o correio eletrônico esperando ver uma mensagem dele, até se cansar de olhar o celular com a esperança de que ele ligue, até então, não haverá a menor possibilidade de ele regressar.

Convencer-se disso não é uma tarefa fácil. Há momentos – aposto que você sabe do que estou falando – nos quais uma voz interior se rebela contra a idéia de esquecê-lo. Uma voz que grita que não quer esquecê-lo, que não vai esquecê-lo. E, no entanto, o processo de esquecimento que o método Parker propõe não é um esquecer clássico, que se assemelha suspeitosamente ao abandono ou ao fracasso. No método Parker, o esforço necessário para esquecer o homem que partiu é unicamente uma premissa para recuperá-lo. Se não é exatamente uma vitória, ao menos é uma tática necessária para obter a vitória.

"Quanto à recordação de Rodolphe, a tinha enterrado no mais fundo do seu coração e lá jazia, solene e imutável, como a múmia de um rei na cripta." Emma Bovary, como muitas outras heroínas do século XIX, precisa passar por uma aguda doença e uma lenta recuperação para conseguir esquecer o amante. Pouco mais de 150 anos depois, as mulheres que passam por um processo de separação não podem se dar ao luxo de cair de cama e permanecer recostadas em uma confortável convalescença; não podem se permitir passar os dias entregues à meditação ou a pensamentos tortuosos. Têm que levantar a cada manhã e ir para o trabalho, têm encontros de negócios que as impedem de voltar para casa e descansar, têm todos os livros do mundo para entreter suas mentes. E é por isso que têm muito mais vantagens na hora de esquecer.

Só o que elas não devem fazer é naufragar na desesperança.
Anote, anote bem. Isso é importante.

As garotas Parker nunca esperam

Se você chegou até este livro, é provável que tenha sofrido recentemente um rompimento amoroso traumático e não-desejado. Ao longo destas páginas aprendeu o que fazer e o que não fazer para se transformar numa garota Parker e, a partir de então, conseguir que o homem que a deixou volte para você. Nesse sentido, o método Parker parte de certa dose de esperança. A esperança de reverter o processo do rompimento, a esperança de conseguir que um belo dia, finalmente, ele volte para você.

Mas a esperança do método Parker não é uma esperança estática. Como já disse, uma das duas grandes premissas que precede a volta do homem que partiu é o fato de a namorada, esposa ou amante abandonada se recuperar e voltar a ser a mulher que era. Isso significa que não basta ler sobre o método Parker. É preciso ler, é preciso praticar e é preciso viver o método Parker. É necessário levantar e brigar dia após dia: trabalhar, falar, sorrir, sair com os amigos, se dedicar a si mesma, conhecer outras pessoas. É preciso corrigir o curso do rio, nadar contra a correnteza e fazer tudo isso com a ajuda da própria vontade. E é preciso fazer tudo isso porque o perigo de se abandonar unicamente à esperança, o perigo se deixar levar e submergir na ilusão de que talvez um dia ele volte, é se tornar uma mulher presa às recordações e sepultada pelas fantasias.

Por isso, diferenciar a esperança do imobilismo é uma das chaves do método Parker: uma garota Parker não é uma mulher que espera, é uma mulher que atua. Daí por que é tão importante aprender a conciliar a esperança com a ação e começar a assumir que o homem que partiu não voltará, a menos que a mulher que ele abandonou deixe de esperar passivamente e siga em frente.

"Você não deve telefonar para ele, aconteça o que acontecer. Os homens não admiram uma moça que os persegue, ainda que seja um pouco duro dizer isso nesses termos. E você tem que reatar com seus amigos e sair com eles. Não fique em casa rezando para o telefone tocar, Sylvie. Comporte-se com alegria e ela chegará", explica a experiente srta. Marion à sua aluna, a inexperiente Sylvie Peyton, em *Conselhos à jovem Peyton*, um conto escrito por Dorothy Parker para a Harper's Bazaar em 1933. Embora a história tenha sido escrita há mais de setenta anos, descreve admiravelmente a necessidade de deixar de esperar a volta do homem que partiu e, ao mesmo tempo, a dificuldade contida nessa atitude.

Apesar da ladainha de recomendações que a srta. Marion despeja sobre a jovem Peyton, o final do conto nos revela uma professora desesperada, que não consegue evitar fazer o contrário do que prega. "Poderia falar com o sr. Lawrence, por favor? Ah, não voltou ainda? Poderia dizer onde posso localizá-lo? Ah, não sabe. Entendo. Tem idéia se estará aí mais tarde? Entendo. Obrigada. Bem, se ele retornar, poderia ter a gentileza de pedir que telefone para a srta. Marion? Sim, Marion. Cynthia Marion. Obrigada. Sim, já liguei anteriormente. Não se esqueça de avisá-lo, por favor. Muito obrigada."

Os sentimentos femininos mudaram muito pouco desde o tempo em que os contos da Harper's Bazaar eram lidos nos anos 30. Nós, mulheres, seguimos com grandes dificuldades para nos acalmar após o processo da separação. Claro que é uma meta difícil, mas o fato de ser difícil não significa que seja impossível.

Como uma boa garota Parker, você deveria estar acostumada a feitos inalcançáveis para outras mulheres. Acostumada a se dominar, a manter a calma, a não perder o sorriso. Ainda que seja complexo aprender a esperar sem perder a capacidade de agir e sem deixar, ao mesmo tempo, se levar pelo impulso de perseguir o homem que partiu, você deve praticar bastante essa virtude.

A virtude de olhar para o futuro com esperança
e avançar até ele com passo firme.

A ETAPA DO BARBECHO

Quando minha avó materna, nascida no princípio do século passado em Spaskoi-Lutóvinov, abandonou a Rússia, somente pôde levar consigo alguns talheres de prata, uma baixela decorada com um dragão, um exemplar da primeira edição de *O idiota* e três baús de peles que pertenceram à mãe e à avó dela. Minha avó Natasha, que se orgulhava da amizade da sua família com Turguêniev e assegurava que o pai dela, quando criança, havia sentado no colo de Dostoiévski, praticava um ritual todos os anos. Em meados de novembro, tirava pontualmente as peles de seus três velhos baús, as estirava sobre todos os sofás e poltronas da casa e as colocava para arejar sob o sol quente da Índia. Completamente fascinada por aqueles casacos, estolas, toucas, echarpes e magníficas capas, eu também tinha minha pequena parte naquele ritual. Enquanto admirava a suavidade das peles, enquanto as experimentava e as acariciava, minha conversa com vó Natasha era sempre a mesma:

– E elas não se estragarão por colocá-las no sol depois de tanto tempo guardadas, vovó?

– Muito pelo contrário, Penélope. A etapa de barbecho protege as peles, e, depois, o ar puro e o sol são capazes de extrair o melhor delas.

Ela tinha razão. Cada mês de novembro, aquelas velhas peles russas pareciam renascer, mais brilhantes, mais suaves, mais novas do que no ano anterior.

A teoria do barbecho da vó Natasha me valeu mais de uma vez ao longo da vida. Quando li pela primeira vez Emerson, na minha adolescência, descobri imediatamente o reflexo dessa teoria em suas páginas. "Às vezes, quando nos acreditávamos indolentes, muito havia sido realizado e muitas coisas haviam começado em nós, como percebemos mais tarde", escreveu o pensador transcendentalista. Do mesmo modo que, para minha avó, a escuridão revitalizava as peles, Emerson sustentava que, com freqüência, quando nos sentimos mais inativos é precisamente quando se produzem mais convulsões no nosso interior e quando aflora o melhor de nós mesmos.

Tanto o pensamento de Emerson como a sabedoria russa da minha avó podem ser perfeitamente aplicados a um rompimento amoroso. Deixando de lado esse tipo de pessoa que depois do abandono se atira imediatamente nos braços de um novo par na tentativa de acalmar a sua dor, a maioria das mulheres que passou por uma separação precisa de um período, mais ou menos longo, para se recuperar e voltar a se sentir bem. É um tempo necessário, um tipo de refúgio hibernal no qual a esposa, namorada ou amante abandonada se recolhe, reflete e, pouco a pouco, vai retomando as forças. Esse refúgio, essa pausa entre o rompimento e a recuperação é o que o método Parker denomina (em honra à minha avó Natasha) a etapa do barbecho. Como alguns camponeses dividem seus campos em partes e promovem a rotatividade dos cultivos de forma que a cada ano uma parcela de terra possa descansar e recuperar os nutrientes, a etapa do barbecho sentimental permite que a mulher abandonada recupere a alegria e a vontade de viver que a separação arrebatou.

A etapa do barbecho deve ser encaixada nesse processo de esperança ativa do qual falávamos anteriormente. Estar em barbecho significa se mimar, se cuidar e evitar conflitos sentimentais que possam alterar esse equilíbrio ainda em vias de recuperação, mas nunca se trancar atrás de portas e janelas nem renunciar a viver plenamente. Trata-se de um processo natural, o mesmo que leva uma criança a se negar a subir de novo numa bicicleta da qual acaba de cair. É necessário curar a ferida, deixar passar umas horas ou uns dias e, somente então, a criança aceitará voltar a tentar.

A etapa do barbecho também implica colocar em prática todas as ferramentas de recuperação que analisamos nos capítulos anteriores. É o momento de guardar os presentes, de buscar amigas que ajudem, de comer e dormir bem e de cuidar do aspecto físico. É também o momento de aprender a controlar os *flashes* e os pensamentos negativos, colocar em seus devidos lugares as virtudes e os defeitos do homem que partiu e aceitar que a culpa raramente está concentrada só num lado. É a hora para renovar o guarda-roupa, para planejar uma viagem, mudar o corte de cabelo, aprender a jogar golfe ou praticar equitação. Mas, sobretudo, é o momento de aprender a se conhecer, a se aceitar e a se querer.

O coração de uma mulher que passou por um rompimento amoroso é como o de uma criança que caiu da bicicleta.

Ela voltará a subir nela, a se divertir e a pedalar.

Mas, como as peles russas da minha avó,
precisará de tempo.

O dia em que tudo muda

Faz alguns anos, depois de passar uns meses complicados no trabalho, decidi descansar por uma semana e ir com meu noivo de então à casa de campo que a família dele possuía na Alemanha. Uma região de contornos suaves, colinas e pradarias impecavelmente verdes, cheias de granjas, vacas e cúpulas de igrejas. Um belo e imenso campo de golfe que no inverno fica coberto de um manto de neve brilhante. As vacas e a pastagem então desaparecem, o ar se enregela, e a fumaça das granjas e o badalar dos sinos dão vontade de chegar em casa para sentar em frente à lareira, comer um bom assado e beber vinho quente com cravo e canela.

Lembro que naquela semana o frio foi intenso e meu avião se atrasou, de modo que já era quase noite quando meu namorado me pegou no aeroporto para fazermos a viagem. Cansada do vôo, estressada devido a um dia de trabalho duro e faminta, fiquei contando os quilômetros até chegarmos à casa. Ele me assegurou no aeroporto que o porta-malas do carro estava cheio de mantimentos, assim, a perspectiva de chegar e preparar um jantar farto se ergueu diante de meus olhos como a melhor das recompensas.

Quando, quase meia-noite, por fim chegamos e descobrimos que a comida não estava no carro, me descontrolei. A casa estava congelada, e o termômetro marcava a mesma temperatura – muitos graus abaixo de zero – tanto no exterior como no interior. Enrolada no meu casaco e no dele, com as mãos, os pés e o nariz gelados e sem possibilidade de tomar uma xícara de leite quente, perdi toda a capacidade de raciocinar e fiz aquilo que as mulheres quase sempre fazem quando estão muito cansadas e se sentindo frustradas: chorar, chorar de aborrecimento e de raiva. Depois de uma enorme discussão que sequer serviu para me deixar com calor e na qual não me mostrei muito racional, fui dormir sem falar com ele e o deixei concentrado em tentar acender a calefação e fazer o possível para transformar aquele refúgio gelado num lugar habitável.

Fui encantadora, não é?

Na manhã seguinte, acordei tarde e com uma agradável sensação de calor. A luz entrava pela janela e inundava o quarto com a claridade proporcionada pelo reflexo do sol na neve. Alguém havia se levantado cedo, havia reforçado a calefação com a lareira, havia descido até o povoado para comprar pão fresco, queijo, ovos, presunto, leite e manteiga, e estava se esforçando para preparar o café-da-manhã. Senti o cheiro do café e dos ovos com presunto que vinha da cozinha, e, de repente, tudo mudou. Minha irritação, a lembrança do frio, a fome, os problemas do trabalho, tudo se dissipou no mesmo instante. Dez minutos depois, desci para a refeição transformada de novo numa garota feliz e profundamente arrependida.

A sensação de felicidade que senti naquela manhã ao acordar é muito parecida com os sentimentos que se amontoam na mente de uma mulher abandonada no dia em que se sente bem pela primeira vez. Não sei como foi ou como será esse dia para você, mas, no meu caso, o que lembro com clareza são duas coisas: a primeira delas é a consciência de acordar pela primeira vez sem ter a lembrança da separação na minha mente; a segunda, uma fabulosa e intensa sensação de alívio.

Há mulheres que demoram muito pouco para se deparar com o dia em que tudo muda. Pessoas de sorte, que se sentem mal apenas um ou dois meses e depois chegam a essa liberação. Outras não têm tanta sorte e precisam de mais tempo. Mas é justamente nesse grupo que se experimenta com maior intensidade a força e a energia trazida por esse dia. É entre essas mulheres que é mais tangível e mais real a felicidade desse momento.

Se você foi abandonada recentemente, deve lembrar que por mais triste e desesperada que se sinta agora, você ainda tem pela frente a chegada desse dia. Não é um acontecimento que ocorra a apenas algumas mulheres. É uma data certa, um dia marcado que nos surpreende numa manhã e faz com que todos os contornos se movam, fiquem borrados e depois voltem a se definir. Exatamente como o cheiro de ovos com presunto, o sol que reflete na neve e entra no quarto ou a consciência de alguém que nos ama e se esforça para nos sentirmos melhor e consegue que o nosso estado de ânimo mude num décimo de segundo.

Acredite, também vai acontecer com você.

Capítulo 9

> A garota que vale a pena ter é aquela que não espera por ninguém.
>
> Scott Fitzgerald

Em busca de um namorado casual

Uma garota Parker jamais utiliza o metrô ou o ônibus para se locomover. Se não é possível fazer o trajeto de avião ou a distância é muito curta para tirar o carro da garagem, nós, garotas Parker, usamos o meio de transporte mais adequado para proteger nossos sapatos. Sim, você adivinhou: estou falando do táxi.

O táxi é a forma de circular mais confortável que existe. Permite usar o celular sem medo de provocar um acidente, estimula a fechar os olhos e relaxar a caminho do trabalho ou depois de uma cansativa tarde de compras, não é preciso levar para a oficina nem pagar para estacionar, além de poder transitar nessas zonas que em determinadas cidades estão liberadas apenas para meios de transporte públicos. Por último, mas não menos importante, permite ouvir (talvez seja melhor dizer que obriga a ouvir) as reflexões da pessoa que está ao volante.

– Você vai se encontrar com seu namorado? – me perguntou um taxista de Chicago com a discrição que caracteriza alguns membros dessa categoria profissional.

Tendo em vista que eu não parecia disposta a lhe proporcionar tal informação, o motorista voltou a insistir:

– Bem, quem diz namorado, diz meio namorado.

Aí sim ele despertou meu interesse.

– O que significa meio namorado, uma relação sem compromisso? – perguntei curiosa.

– Não, não quis insinuar isso. Estou me referindo a esses namorados que se tem entre um namorado de verdade e outro namorado de verdade. Você sabe, um namorado casual.

Nesse ponto, eu já estava colada ao banco e olhava fixamente por meio do espelho retrovisor o rosto do taxista, um homem velho com barba e óculos com armação de tartaruga que, como soube depois, tinha o porta-malas do carro cheio de vidros de mel.

– Por que o senhor imagina que estou namorando sério? – perguntei.

– Bom, eu tenho bom faro para essas coisas. E, se estou certo, acho que a próxima vez que a moça tiver um namorado, deveria ter um namorado casual. Digo isso porque tenho muita vivência. Para as coisas sérias, sempre há tempo.

A conversa que tive com aquele homem, como tantas vezes ocorre com os pequenos detalhes, de certo modo mudou a minha vida. Naquele momento, eu acabara de romper um relacionamento, e meu coração estava frágil e dolorido. Por isso, a perspectiva de uma nova relação profunda me parecia simplesmente insuportável. Ainda que eu começasse a recuperar o ânimo, tinha medo. Tinha medo de errar de novo, medo de voltar a sofrer.

As palavras do taxista, naquela noite, abriram um novo horizonte para mim. Acostumada a relações longas e estáveis, disse a mim mesma que talvez aquele não fosse o momento de pensar no próximo e definitivo homem da minha vida, mas, quem sabe, fosse a ocasião de me lançar no mundo da frivolidade. Naquela noite, enquanto nadava sozinha na piscina do hotel, jurei para mim mesma que iria procurar um namorado casual.

Ainda que no meu caso o candidato a temporário tenha se transformado numa relação longa e estável – algumas de nós não são talhadas para a frivolidade sentimental –, a idéia do namorado casual é um capítulo essencial no processo de recuperação de toda mulher abandonada. Permite tirar o pó das armas e experimentar de novo as asas. E é uma condição indispensável para conseguir o retorno do homem que partiu.

Embora, à primeira vista, procurar uma relação com data de vencimento possa parecer um projeto cruel e egoísta, não há por que ser assim. O mundo, qualquer garota

Parker sabe, está cheio de aspirantes a namorados casuais. Estão por todos os lugares; é só olhar para qualquer esquina que eles surgirão, três ou quatro juntos, querendo se tornar namorados casuais. Se você pensar um pouco, se dará conta de que é muito mais fácil encontrar um candidato a namorado casual do que um namorado estável. Além disso, se o candidato for bem escolhido e quiser exatamente o mesmo tipo de relação e compromisso que você quer, será impossível que ele sofra. A única forma de causar nele certo estresse é, num belo dia, anunciar que a candidatura dele deixou de ser intermediária e se transformou em permanente.

O dia em que você sentir vontade de ter algum tipo de relação amorosa, estará disposta a procurar seu namorado casual. Procure sem pressa, procure com alegria. Procure por ele e se assegure de que ele deseja o mesmo que você.

E, quem sabe, talvez termine encontrando algo bem mais valioso do que uma simples relação temporária.

Eu falo por experiência.

Ser uma garota má ao estilo Parker

Há alguns anos organizei um jantar na minha casa em Nova York para acolher duas colegas de trabalho de meu namorado que estavam de passagem pela cidade. Lembro que naquela tarde levei mais tempo para me arrumar do que para preparar o jantar. Marquei hora com meu cabeleireiro, fiz massagem, comprei um vestido, subi até as alturas de um par de sapatos perfeito e me maquiei com se estivesse pintando um Giotto.

Queria estar impecável, queria que tudo saísse bem, queria organizar um jantar perfeito.

À noite, coloquei na mesa uma toalha de linho, tirei do armário a baixela mais valiosa, acendi velas perfumadas, enfeitei a mesa com flores, coloquei música suave e servi uma comida deliciosa (posso dizer abertamente porque não fui eu quem fez, mas o *chef* de um magnífico *catering*). Minhas convidadas foram doces, amáveis e encantadoras. Tal como eu havia proposto a mim mesma, foi uma noite perfeita e, depois de nos despedirmos, meu namorado se ofereceu para acompanhar as colegas até o hotel.

Quando voltou, eu estava tirando a mesa. Ele se aproximou de mim, me pegou pela cintura e me disse no ouvido: "Sabe? Elas me disseram que você era incrível e muito bonita. E eu pensei: 'É mais bonita ainda por dentro do que por fora'." Lembro bem que olhei nos olhos dele, apoiei a cabeça no seu ombro e pensei como foi absurda a minha frenética tarde em busca da imagem perfeita.

Se você está lendo este livro e chegou até aqui, tenho quase certeza absoluta de que você foi a melhor esposa ou namorada que pôde para o homem que um belo dia foi embora. Talvez o seu esforço, caso tenha se tratado de um esforço, não tenha servido para segurá-lo nem tenha conseguido fazer dele o homem definitivo que você desejava que fosse. Mas pode estar certa de que o seu esforço conseguiu fazer de você uma pessoa melhor. Conseguiu fazer de você uma pessoa mais doce, compreensiva, flexível, afetuosa e, certamente, mais forte.

Porque ainda que a relação seja o momento perfeito (sempre que se esteja apaixonada e se receba amor) para se transformar numa pessoa melhor, a recuperação depois de uma separação exige, às vezes, se tornar uma garota má. Não estou falando no sentido literal, não se trata de machucar alguém deliberadamente ou de se transformar numa pessoa ruim e egoísta. Ser uma garota má na terminologia do método Parker consiste simplesmente em deixar de pensar tanto nos demais e começar a pensar um pouco mais em você. Consiste em deixar de se sentir responsável pelos sentimentos alheios e começar a fazer da sua relação com os homens um campo de jogos um pouco mais frívolo do que foi até agora. Significa deixar de se preocupar com o homem que partiu, deixar de pensar em como ele se sentiria se soubesse que você está feliz de novo, tem uma nova relação, sorri e está esplêndida, fabulosamente bonita. É deixar de fazer malabarismo social para que essas mudanças maravilhosas não cheguem aos ouvidos dele, pois poderiam ferir os sentimentos e, inclusive, o orgulho dele (será possível que você ainda se preocupe tanto com os sentimentos dele?).

Ser uma garota má no contexto do método Parker implica voltar ao mundo do namoro sem se sentir culpada e sem pensar que está traindo os sentimentos em relação a ele que ainda estão em você. Implica se jogar nos braços de seu namorado casual sem passar a noite em claro pensando no que ocorrerá quando ele deixar você e em como poderá ferir seus sentimentos. Significa aprender que em determinados momentos é mais urgente cuidar de si mesma do que cuidar dos demais, sobretudo quando os demais são adultos e sabem cuidar de si. Significa deixar de colocar as necessidades dos outros na frente das suas, ao menos de vez em quando.

Na realidade, ser uma garota má, segundo o método Parker, significa se permitir não ser perfeita.

Acredite em mim, é um grande alívio.

Uma peça redonda não encaixa numa quadrada

"– Suponho – sussurrou Lotty – que o marido de Rose lhe pareça simplesmente um homem comum de meia-idade e de bom caráter.

Scrap desviou seu olhar das estrelas e contemplou Lotty por um instante, enquanto organizava de novo a mente.

– Simplesmente um homem que está mais para corado e redondo – sussurrou Lotty.

Scrap inclinou a cabeça.

– Ele não é – disse Lotty. – Rose vê através de tudo isso. Isso é apenas o enfeite. Ela vê aquilo que nós não podemos ver porque ela o ama."

De fato, Rose, uma das protagonistas de *Um abril encantado*, o maravilhoso romance que Elizabeth von Arnim escreveu em 1922 e que não pode faltar na biblioteca de uma garota Parker, vê o que os demais não podem ver no marido dela. E ela vê porque o ama. Efetivamente, Rose vê nesse marido algo que os demais não percebem, porque é provável que esse algo sequer exista.

Como Rose, a maioria das mulheres apaixonadas e abandonadas enxerga em seus companheiros imensas virtudes que, geralmente, ninguém, só elas, podem compreender. Se, antes de abandoná-las, o homem que partiu era atraente, inteligente, divertido, a partir do rompimento, ou melhor, durante os primeiros meses de abandono, essas qualidades tomam proporções míticas. Como já adiantei ao longo deste livro, o passar do tempo borra os contornos e minimiza os atritos. O bom se intensifica, o ruim se suaviza. Ele, na realidade, não era egoísta, mas introvertido. Tampouco tinha pouca consideração, mas somente estava sob uma enorme tensão. Não era frio, apenas tinha dificuldade para expressar seus sentimentos. Não perdia a paciência sem motivo, simplesmente estava estressado. E assim em diante.

No entanto, à medida que avançam os meses e a mulher abandonada começa a se recuperar, esse processo se inverte. Um dos principais sinais da recuperação é quando aparecem os primeiros sinais de crítica. Não estou falando de uma crítica amarga, injusta ou parcial, mas da constatação de um fenômeno que, no princípio, é surpreendente: o homem que partiu tinha defeitos. Sim, tinha. Ou, ao menos, tinha um caráter que não apenas não se encaixava, mas que rangia quando entrava em contato com o seu caráter.

"Era como tentar encaixar uma peça redonda numa quadrada", me explicou Katerina, uma mulher com quem conversei em Praga numa das entrevistas que fiz para este livro. Como no caso de muitas outras mulheres que sofreram rompimentos não-desejados, o processo de crítica serena de Katerina começou poucos meses depois da separação, se consolidou durante o processo de recuperação e culminou com o início de um novo relacionamento. "Meu novo namorado me fez ver que muitas das culpas que eu me atribuía na relação não eram só minhas, mas compartilhadas. Meu ex-namorado era de uma forma, e eu de outra, e isso fazia com que tivéssemos problemas. Não éramos feitos um para o outro ou, talvez, precisássemos de uma dose de boa vontade para nos compreendermos, o que, sinceramente, acho que não tínhamos."

O processo que Katerina experimentou quando conheceu seu parceiro seguinte ocorre muitas vezes com o namorado casual ou – lembre-se do que eu avisei – com o temporário-definitivo. Por se tratar de uma relação nova na qual não há formalizações pendentes nem problemas soterrados, o namorado casual se transforma num reflexo por contraste do que a mulher abandonada recebeu do homem que partiu. É quando se descobre que algumas coisas aparentemente inevitáveis, até normais, não o eram em absoluto. Descobrimos que quando uma relação funciona, não se chora todas as manhãs ou todas as noites. Descobrimos que os amigos não são a prioridade de um homem quando ele está verdadeiramente apaixonado. Descobrimos que se há confiança, não há segredos e não há compartimentos estanques, e que as brigas são exceção à regra, que as dificuldades quase sempre são apenas desculpas, que encaixar uma peça redonda numa peça quadrada é impossível.

Abrir os olhos e ver os defeitos e as virtudes do homem que partiu é uma prova de que a recuperação caminha num bom ritmo. Descobrir as incompatibilidades que havia entre vocês e separar a parte de culpa dele da sua parte é uma demonstração de maturidade e de crescimento. Mas é algo mais: é também o primeiro sinal de que você começou a perdoá-lo.

Como você deve ter notado ao longo deste livro, uma garota Parker tem toda a capacidade do mundo para perdoar.

E, é claro, jamais pára de crescer.

Quando ele vai voltar?

Se eu tivesse que definir qual é o objeto mais cobiçado por uma mulher que acaba de ser abandonada ou está se recuperando de um rompimento amoroso, diria, sem dúvida, que é uma bola de cristal. Sentar em frente de uma esfera e poder descobrir o que ele está sentindo, o que está fazendo, com quem está, o que explica aos amigos, à família, o que pensa à noite, como nos recorda ou, simplesmente, se às vezes se lembra de nós, são informações que toda mulher deseja nessas circunstâncias. No entanto, à medida que passa o tempo, essas interrogações são substituídas por outras. Saber se ele refez a vida sentimental, como ela é, como ele se comporta, se são felizes... Ou, ao contrário, o que ele faz sem uma companheira, se pensa no passado, se sente saudades, se percebe que errou ao nos deixar para trás.

Nós, garotas Parker, acrescentamos uma última pergunta a essa ladainha de questões: como e quando será o dia em que ele voltará. E fazemos isso porque toda garota que tenha seguido e praticado o método Parker sabe perfeitamente que os homens (é verdade que, às vezes, infelizmente) sempre terminam voltando. Sabem disso a ponto de uma bola de cristal servir apenas para dizer a hora e o minuto em que ele vai reaparecer, mas não para assegurar que esse retorno finalmente ocorrerá.

Quando ele vai voltar? Essa é a grande pergunta. A resposta exata, evidentemente, não existe. Mas se prestamos atenção ao método Parker, saberemos que a volta do homem que partiu somente ocorrerá quando a mulher abandonada tiver esquecido a dor e tiver refeito a sua vida. Isso implica, como já disse, voltar a sair, voltar a sorrir, se apaixonar de novo, aprender a viver sem a sensação de que passamos mais um dia sem ele, sem o sentimento de que ele ainda não voltou. Significa deixar para trás os *flashes*, os aniversários, as lembranças, as fotografias, as lágrimas e, inclusive, a curiosidade. Porque enquanto você tiver o pensamento voltado para este retorno, enquanto acessar seu correio eletrônico a cada manhã em busca de uma mensagem, enquanto sondar os amigos e os conhecidos para saber o que ele faz ou onde está, ele não voltará.

Não voltará.

No entanto, um belo dia, quando você simplesmente acreditar que isso já não importa, quando você estiver abraçada ao seu novo namorado, quando planejar férias incríveis com suas irmãs ou amigas, quando estiver imersa em uma divertida tarde de compras ou voltar para casa com a cabeça concentrada no vestido que irá vestir num jantar daqui a uma hora e meia, nesse dia o telefone tocará.

Numa tarde, quando você tenha deixado passar uma oportunidade de estar com ele para realizar uma tarefa importante, quando tenha deixado de se preocupar se ele sabe ou não que você está novamente apaixonada ou, ao contrário, não se importe que ele saiba que você não está apaixonada, quando abrir seu correio eletrônico sem procurar o nome dele entre os remetentes, quando já não o enxergar em cada esquina, nessa tarde, a mensagem com a qual você tanto havia sonhado aparecerá.

Uma noite, quando chegar em casa cheia de sacolas do supermercado, quando estiver atirada no sofá com uma máscara nutritiva no rosto, quando imergir num banho quente repleto de sais ou se dispuser a preparar o jantar, essa noite, a campainha tocará.

E então, só então, você sorrirá, respirando fundo e saberá.

Saberá que, a partir desse momento, o futuro só depende de você.

Saberá que, a partir desse momento,
o futuro só depende de você.

Terceira parte

SER TOTALMENTE PARKER

Capítulo 10

Eu não despedacei teu coração, tu o despedaçaste e, ao fazê-lo, despedaçou o meu.

Emily Brönte, *O morro dos ventos uivantes*

O instante mais esperado

Quando eu era criança e li pela primeira vez a cena de despedida entre Heathcliff e Catherine em *O morro dos ventos uivantes*, compreendi que a humanidade se divide em dois grandes grupos: os que choram ao ler essa passagem e todos os demais. Ao olhar para trás, me vejo lendo sobre um velho sofá grená que havia na biblioteca da minha avó em Toronto. Eu me perguntava por que diabos alguém em sã consciência resistiria à encantadora brutalidade literária de Heathcliff. "Catherine Earnshaw, que não descanse enquanto eu viver. Disse que eu a matei, então me persiga. (...) Fique sempre comigo, de qualquer forma, me enlouqueça! Mas não me deixe neste abismo onde não posso encontrá-la. Oh, Deus, isso é impronunciável! Não posso viver sem minha vida, não posso viver sem minha alma!"

Você resistiria a algo assim? Eu, certamente, não.

O morro dos ventos uivantes, além de ser uma obra-prima de poesia, beleza e audácia, é um exemplo magnífico da catarse que a volta do homem que partiu produz na vida da mulher abandonada. A partida de Heathcliff (menciono unicamente no caso de você pertencer a este grupo humano que teve a infelicidade de não ter lido o romance) não ocorre porque ele tenha deixado de amar Catherine, mas precisamente ao contrário: porque se sente desprezado por ela.

A volta de Heathcliff é então o retorno de um homem endurecido, vingativo e profundamente dominado por um amor que terminará destruindo os dois. Sua volta, três anos e meio depois da fuga, põe o mundo da caprichosa e egoísta Catherine de pernas para o alto. Ela mal pode imaginar em que medida esse regresso e a amargura que trará consigo irão culminar na sua própria morte e na definitiva degradação moral de Heathcliff.

Felizmente, a volta do homem que partiu, na vida real, raramente é tão dramática como foi na imaginação e na pluma de Emily Brönte. Na vida real, os acontecimentos se desenvolvem sem um roteiro preconcebido, sem mãos literárias que os debulhe e, por isso mesmo, são bem menos inesquecíveis. Durante muitos meses, a mulher desenha em sua imaginação diversas vezes como será a volta do homem que partiu; imagina como se sentirá, o que vai dizer a ele, como vai olhar para ele, o que verá nos olhos dele, como ambos irão se comportar.

Não passa de um exercício mental estéril, como tantos outros. Embora eu já tenha reiterado que uma garota Parker não sabe o que é ser surpreendida em matéria de cuidado pessoal, o mesmo não ocorre com a volta do homem que partiu. Infelizmente, geralmente esse regresso acontece no pior momento possível: num dia cheio, numa tarde esgotante, na volta da academia ou numa semana em que sua pele está em pé de guerra. E quando acontece, a diferença entre o sonhado e o vivido costuma ser grande e também decepcionante.

Se você recebeu uma mensagem ou um telefonema do homem que a abandonou e concordou em vê-lo, o melhor que tem a fazer é não esperar muito desse encontro. Nos dias e nas horas anteriores ao encontro, procure esvaziar sua cabeça de romantismos e ocupá-la com os aspectos verdadeiramente importantes, como a escolha do vestido que você usará para ir ao restaurante onde jantarão.

Como ocorreu com Catherine e Heathcliff, cujos espectros se reunirão finalmente depois da morte e vagarão juntos pelos campos, o momento do reencontro não é mais do que o início de um processo que culminará mais adiante. Quando o assombro, a surpresa e a emoção cederem lugar à reflexão, à autocrítica e ao sentimento. Quando suas almas e mentes voltarem a se conectar como antes.

Em vida, é claro.

Uma garota Parker confia em Lao Tsé

Quando crescemos com um pé no Oriente e outro no Ocidente, logo aprendemos que o que alguns ocidentais chamam de "a grande reserva espiritual do Oriente" não é mais do que uma quimera que oculta o desejo de encontrar longe de suas casas algo que deveriam procurar dentro de si mesmos. Durante toda a minha infância, vi gente de todos os cantos do mundo peregrinar pela Índia, pelo Sri Lanka, pelo Nepal e por outras regiões asiáticas. Elas iam atrás de algo que, como tudo o que é de natureza espiritual, não está aqui nem lá, não está localizado num lugar determinado nem pode ser encontrado com o simples gesto de comprar uma passagem de avião.

Muitas dessas pessoas balançam a cabeça, escandalizadas, quando vêem restaurantes, shoppings e discotecas nas cidades asiáticas ou observam jovens usando tênis enquanto fazem fila para comprar um hambúrguer ou enquanto trabalham conectados em seus *notebooks.* Esse tipo de viajante, aparentemente mais satisfeito quando encontra pobreza do que prosperidade (sempre que a pobreza esteja longe de seu hotel, naturalmente), viaja de um lado a outro do país em busca do que considera "autêntico". Infelizmente para ele e felizmente para os demais, esse tipo de viajante costuma voltar a seu país decepcionado e com a inquietante sensação de que a realidade passou a perna nele.

"Vim à procura de Deus", explicou ao meu pai uma pintora alemã numa manhã quando comprávamos um presente de aniversário numa loja de seda em Madrás. "Acho que não posso dizer onde encontrá-lo", meu pai respondeu com um sorriso. "Se você acredita em Deus, sabe que Ele costuma estar em todas as partes; eu me atreveria a dizer que até mesmo na Alemanha." A mulher olhou para ele com um profundo desprezo e depois se afastou indignada. Naquele dia, meu pai não fez uso de seus dotes de diplomata.

Muito longe dos preconceitos e fantasias, crescer entre regiões geográficas distantes tem suas vantagens (também há inconvenientes, mas não é o momento de falar deles). A mistura de culturas é estimulante e ajuda a desenvolver a capacidade de pegar o melhor daqui e de lá, de comparar aspectos de ambos os mundos e de compreender um pouco melhor algumas de suas peculiaridades.

No meu caso, quando fiz três anos, passei a ser cuidada por uma velha babá chinesa que meus pais haviam levado consigo para a Índia depois de terem vivido alguns anos em Pequim. Naquela época, a estrita disciplina imposta por meu pai me transformava em protagonista de tragédias terríveis que quase sempre terminavam em rios de lágrimas acompanhados de leite e bolacha. Quando, depois de cada tempestade, eu me trancava no quarto para chorar, minha babá dizia sempre o mesmo: que tivesse paciência, que não insistisse com meu pai.

Ela conhecia meu pai quase melhor do que minha mãe e sabia muito bem qual era a melhor tática para amaciá-lo. "Menina, você acredita que o empenho é a chave para o êxito e por isso insiste e insiste, chora e chora. Mas a verdade é justamente o contrário: quem se empenha em alguma coisa sempre fracassa", repetia, parafraseando um velho aforismo do *Tao Te Ching*. Ainda que tenha de reconhecer que o pensamento de Lao Tsé tenha sofrido a infelicidade de passar a fazer parte do kit de sobrevivência dos buscadores profissionais de sabedoria oriental, esse preceito é um dos pilares do método Parker. É também a explicação derradeira de por que o homem que partiu terminará indo de novo até a sua porta.

"A princípio, me senti aliviado, relaxado. Claro que eu estava triste devido à separação, mas acima de tudo sentia como se tivesse tirado um peso das costas. Quanto mais ela me telefonava, quanto mais pedia explicações, mais certo eu ficava de que tinha feito bem em deixá-la. Mas, em poucas semanas, tudo isso terminou e comecei a viver uma nova vida sem ela", me explicou Dermont, um advogado da Filadélfia que tinha deixado a mulher depois de seis anos de casamento.

Durante os primeiros meses posteriores à separação, Dermont não estava muito consciente da perda que havia sofrido. Sentia alívio, sentia indiferença. A relação não ia bem, não estava mais apaixonado, tinha feito certo em romper o casamento. "Mas, um dia, quase um ano depois, algo aconteceu. Não poderia explicar bem o que houve, mas de repente comecei a me perguntar onde ela estaria, o que andaria fazendo, com quem estaria. Comecei a rememorar cenas, a ter fantasias sobre o passado, a pensar no sorriso dela, nos olhos, na risada. E, de repente, aconteceu: percebi que ainda estava apaixonado por ela."

O processo da volta de Dermont não aconteceu de um dia para o outro. Durante os primeiros meses de solidão, ele experimentou a sensação de leveza e de liberdade que se segue a um rompimento traumático: não mais discussões, não mais lágrimas, não mais compromissos. Depois, ele começou uma nova relação que não funcionou e, logo após, uma segunda união que tampouco foi adiante.

"No começo, não percebi qual era o problema, mas depois tive consciência do que estava ocorrendo. Simplesmente, eu comparava todas as mulheres com ela, e nenhuma estava à sua altura nem à altura da relação que tínhamos mantido", ele confessou. Pouco depois de tomar consciência desses sentimentos, Dermont decidiu que faria todo o possível para recuperar a ex-mulher. "Não foi fácil, Penélope, você sabe. Havia muitas feridas sem cicatrizar. Era um desafio, e eu o assumi como tal. Agüentei muitas coisas porque estava certo de que a amava, e o restante não tinha importância."

O ano de separação entre Dermont e a esposa deu a ele o espaço suficiente para reconsiderar, viver novas experiências e chegar à conclusão de que a única mulher de sua vida era a mulher que ele havia deixado. A atitude da esposa, um modelo de garota Parker, foi uma peça fundamental nesse processo. "Ela não insistiu, depois das primeiras semanas se rendeu e me deixou ir embora", ele explicou.

Na realidade, não se rendeu.

Uma noite em Paris, a esposa de Dermont me contou a história da separação deles, e eu expliquei a ela cuidadosamente os pilares do método Parker, entre eles, o aforismo taoísta que afirma "o que se empenha fracassa". Alguns meses depois, me ligou à meia-noite de um hotel no Rio de Janeiro para contar que o marido havia deixado uma mensagem na secretária eletrônica suplicando que voltasse para ele.

Era a noite de seu aniversário.

Se você leu o prólogo deste livro, certamente já sabe o nome dela: é Claire Vassè.

Por que agora?

Se você acredita ter seguido firmemente as normas do método Parker e tem agora diante de si a possibilidade de voltar com o homem que abandonou você, há uma prova infalível que permitirá saber se você realmente atuou conforme o modelo de garota Parker. Simplesmente feche os olhos e se faça as seguintes perguntas: realmente é bom para você voltar para ele agora? Ou preferiria fazer isso daqui a alguns meses? Perguntou a si mesma por que voltar agora? Lamentou que ele não tenha decidido voltar um pouco mais tarde?

Se as respostas a essas perguntas são afirmativas, você pode se sentir satisfeita. Sem dúvida alguma, você se transformou num modelo de garota Parker. E conseguiu isso porque venceu a influência que esse homem tinha sobre você. Talvez isso se deva ao fato de a volta dele ter surpreendido você nos braços de um namorado casual; ou talvez, depois de vários meses sombrios, sua vida nova se apresente como uma tentação difícil de resistir. Talvez porque você precise encarar as coisas com calma ou ir morar um ano no exterior, e uma relação estável agora não vem a calhar.

Seja qual for a razão, seguidamente a volta do homem que partiu se transforma numa vitória que chega num mau momento. Não vamos nos iludir: às vezes, esse aparente desânimo não se deve tanto a circunstâncias externas, mas a um mecanismo que poucos seres humanos conseguem evitar. Trata-se do desinteresse que se apodera de nós quando por fim conseguimos algo que almejamos por muito tempo. "Todo barco é um objeto romântico até que embarcamos em um", dizia Emerson em seu ensaio sobre a experiência.

Desejar algo com tanta força como a mulher abandonada deseja a volta do homem que a abandonou é uma aposta forte. Tanto que depois de meses de sofrimento, disciplina e trabalho, alcançar essa meta pode se transformar numa experiência quase inconsistente. "Ah, é isso que estou sentindo", a mulher abandonada diz a si mesma. E o que sente não é nem a metade em profundidade do que pensou que iria sentir.

É claro, nem sempre é assim. Se o regresso ocorre pouco tempo depois do rompimento e ainda não se alcançou o desapego preconizado pelo método Parker, o reencontro é uma experiência emocionante. É também perigosa porque a mulher que recebe o homem que a abandonou ainda não teve tempo para deixar de ser a pessoa frágil cujo coração esse homem destroçou, nem tempo para se tornar uma garota Parker forte e com recursos.

Quanto mais tempo se passar entre o rompimento e o reencontro, mais tempo a mulher terá para se recuperar, aprender, crescer e coroar a volta do homem que partiu.

Será aí então que ela fará a pergunta-chave: por que agora?

Quatro modelos de homens que voltam

A aflição por elaborar listas é um dos estigmas que identificam os membros da família Parker. Desde a infância, nós, Parker, nos entregamos sempre com entusiasmo à tarefa de montar listas. Todos nós, de uma ou de outra forma, compartilhamos de uma devoção comum: a de anotar dezenas, centenas de palavras cuidadosamente classificadas uma embaixo da outra. A tia-avó Melania assegurava, por exemplo, que uma das maneiras de detectar um Parker ilegítimo (um fenômeno freqüente nas gerações anteriores da família) é procurar em seus bolsos pequenos pedaços de papel repletos de listas. "Não importa do que se trate, querida. Não é o conteúdo o importante, é o fato de ter uma mente que tenha prazer em enumerar coisas. Se é um Parker, esteja certa de que fará listas", ela me disse uma vez.

Listas minuciosas, longas, compulsivas. Listas de batalhas históricas, de nomes de pretendentes, de espécies de dinossauros, de datas de nascimento, de escritoras do século XIX mortas antes dos trinta anos, de livros da Bíblia ou de espécies de coleópteros. Listas de exploradores britânicos, de poetas romanos, de armamentos usados na primeira e na segunda guerras mundiais, de escritores e suas correspondentes obras completas, de músicos e pintores com suas obras. Listas de satélites e de estrelas, de personagens da mitologia grega, de ossos do corpo humano, de minerais e de pedras preciosas, dos reis da Inglaterra ou de elementos químicos. Listas de títulos da biblioteca classificados por autores, listas de títulos da biblioteca classificados por gêneros literários, listas de títulos da biblioteca classificados por...

Sim, definitivamente, se é um Parker, fará listas.

Por essa perspectiva, classificar os homens que voltam em somente quatro categorias, tal e qual faz esta obra, significou para mim um imenso esforço de contenção. A lista de homens que voltam descritos pelo método Parker não abarca modelos fechados, mas sim quatro grandes categorias que podem englobar, cada uma delas, duas ou mais variantes de sua espécie. Como você já adivinhou, quero que estude essas categorias e analise à qual delas pertence o homem que a abandonou e agora está batendo na sua porta.

1. *O Ulisses*

"Se ficar comigo, gozará da imortalidade da juventude eterna", explica Calipso a Ulisses para dissuadi-lo do projeto de voltar para Ítaca, para a mulher e para o filho. Calipso consegue reter Ulisses na ilha de Ogigia por sete anos. Durante esse tempo, oferece a ele beleza, sabedoria e cuidados, mas, ao fim desse período, Ulisses se cansa dela e começa a suspirar pelo regresso. Depois de ser advertida por Zeus de que deve deixá-lo partir, Calipso se aproxima da praia e encontra Ulisses entregue à tristeza. "Encontrou-o sentado na praia; ali estava sem que seus olhos secassem do contínuo choro, e consumia sua doce existência suspirando pelo regresso; pois a ninfa já não lhe agradava", relata Homero na *Odisséia.*

Na realidade, não é difícil chegar à conclusão de que Ulisses não é um modelo de homem muito recomendável, sentimentalmente falando. É certo que a sua luta para voltar para junto da esposa é dura e longa, mas também é sabido que essa não tem início até chegar o momento em que o herói se cansa de Calipso.

A volta de Ulisses, apesar disso, representa o modelo de regresso com mais possibilidades de êxito: o do homem que volta porque percebe que nada do que encontrou em seu caminho – quer seja uma mulher, a independência sentimental ou o desejo de aventura – pode se comparar com o que havia deixado para trás. Assim, o herói retorna certo de que faz justamente o que deseja fazer: voltar para a família. Teve aventuras, viveu com uma ninfa, teve a imortalidade e a eterna juventude ao alcance da mão e, apesar disso, prefere uma existência mortal, junto de uma família mortal e de uma mulher mortal.

Ou é um idiota ou é alguém em quem confiar.

2. *O indeciso*

O modelo do Ulisses não é o único protótipo de homem que volta e tampouco é o mais perigoso. Há um modelo que poderíamos batizar como o indeciso, que representa um grave risco para o equilíbrio da mulher que ele pretende recuperar.

"Disse que sentia a minha falta e que precisava me ver, e eu fiquei louca. Comecei imaginar como seria, como eu faria ele sofrer até deixar que voltasse para mim, as coisas que ele teria de mudar e tudo o mais. Depois de um mês nos vendo, ele disse que não estava preparado para voltar, não estava seguro e precisava de mais tempo para descobrir por que havia retornado e se realmente estava apaixonado por mim", me explicou Supitr, uma estudante que entrevistei em Bangkok.

O indeciso de Supitr é um modelo bastante comum de homem que volta. Reconhece-se facilmente porque, ao contrário do homem que regressa convencido do que deseja, como Ulisses, o indeciso não mostra as cartas no princípio nem parece ter pressa para falar sobre os sentimentos dele. O objetivo do indeciso é comprovar quais são esses sentimentos e, uma vez realizada esta prova, decidir comodamente se vai ou se fica. Desta forma, ele não interpreta a reaparição na vida de sua ex-companheira como um tipo de compromisso ou, ao menos, como um sinal de que ele deseja reconstruir a relação.

Voltou – é verdade; quer ver você – é verdade também; mas isso não o compromete com o desejo de retomar a relação.

3. *O solitário*

Juntamente com o indeciso, o homem que tem medo da solidão é outro modelo que convém evitar. O solitário é aquele ex-namorado, marido ou amante que regressa depois de comprovar que a liberdade sentimental não é tão excitante, uma vez que se provou dela, e depois de experimentar uma profunda e intensa solidão. O solitário, ao contrário do Ulisses, não iniciou novos relacionamentos, não teve aventuras extraordinárias e, por isso, não retorna porque comprovou que ninguém pode competir com a mulher que ele abandonou.

Ao contrário, o solitário regressa porque se sente sozinho e abandonado, porque sente falta da sensação de ter uma mulher que o ame, se preocupe e pense na felicidade dele. Assim, o regresso do solitário não costuma chegar a um bom termo porque ele não é movido pelo amor, é movido pelo desespero e pela autocomiseração.

4. *O caprichoso*

Mas se o indeciso e o solitário são modelos de homem que volta dos quais uma garota Parker faria bem em fugir, o mais perigoso, o mais tóxico modelo de homem que volta é aquele que somente deseja o que não tem.

O caprichoso é aquele homem que começa a sentir a falta da mulher exatamente no dia em que ela deixa de telefonar e de pedir para que ele retorne ou, então, quando recebe a notícia de que ela iniciou um novo relacionamento amoroso. Os caprichosos reaparecem justamente quando a vida de suas ex-parceiras parece já não ter lugar para eles, lutam para recuperar a posição perdida e, uma vez que alcançam seu objetivo, se dão conta de que o desejo de regressar virou fumaça como por magia.

Embarcaram no navio, e o navio deixou, mais uma vez, de ser romântico.

Se você recebeu o telefonema, a mensagem ou a visita do homem que a abandonou, trate de manter uma distância emocional suficiente para poder analisar as razões pelas quais esse homem voltou. Faça-o falar, faça com que ele explique o que fez durante o tempo em que estiveram separados, como foi a vida dele durante esse período e o que o motivou a voltar.

Por mais que as lembranças boas impulsionem você a voltar para ele de olhos fechados, seja forte e se mantenha com eles bem abertos. Escute, escute e escute até estar em condições de saber se esse homem que você ainda ama é um Ulisses, um indeciso, um solitário ou um caprichoso em qualquer uma de suas variantes. Escute, escute e escute e quando você tiver certeza de conhecer as razões pelas quais ele voltou para a sua vida, poderá tomar a decisão sobre se deve ou não reatar com ele.

Até isso ocorrer, me leve a sério mais uma vez
e mantenha os olhos bem abertos.

Capítulo 11

Wanara Duara Dakara Dan, Yaval Kaval Masky Dan, Kalan Kulan Twenty-One, Ya... Yu... Me... PLUCK!

Pluck thukki mela pottu, Chattiar veetula nandu, Nanu thooki mela pottu, Naga rathna pambu, Pambu thooki mela potu, Yelarikkum SANDOSHAM!

TAMIL NADU, Canção infantil da Índia

Abrir a porta com cautela

MEU AMIGO JACK, crítico de arte e pintor nas horas livres, sempre diz que uma mulher restaurada tem muito mais encanto do que uma nova de fábrica. Meu amigo quer dizer que as relações, os rompimentos e os vaivéns sentimentais proporcionam algo de especial às mulheres que superaram esses maus momentos. Algo que jamais poderão ter as mulheres que tiveram uma única relação feliz ou as que optaram por fugir do fogo logo da primeira vez que foram queimadas. É possível que Jack tenha razão, mas também é verdade que muitas das mulheres que viveram instabilidades amorosas, mais do que encanto, tiraram dessas experiências um profundo e terrível medo.

Certamente, o medo em si nem sempre é mau. É um mecanismo de defesa humano, uma luz vermelha que nos deixa alertas e nos permite medir os riscos e não somente as vantagens de qualquer situação vital.

Não, o medo nem sempre é ruim, mas às vezes pode se tornar ruim.

O medo pode paralisar uma mulher abandonada até o ponto de impedi-la de continuar a vida sentimental ou fazer com que ela destrua a sua próxima relação. Pode erguer barreiras, pode construir defesas que impeçam todos, incluindo o próximo homem da sua vida, de ter a oportunidade de chegar até ela. Pode fazê-la acreditar que o melhor é não arriscar, que é preferível viver a salvo e segura em uma bolha do que colocar o pé de novo no mundo real e embarcar numa nova relação. Pode erguer em seu interior estranhos mecanismos de defesa que a impulsionem a fugir justamente no momento em que as coisas começam a andar bem. É uma doença perigosa. E ataca tanto homens como mulheres.

Na realidade, entre o impulso inconsciente que caracteriza nossas primeiras relações sentimentais e a reflexão e o medo que começam a espreitar depois, há um estado intermediário que toda garota Parker deve saber dominar: a cautela. A cautela é uma virtude difícil de praticar porque faz fronteira com o medo e é fácil confundi-la com ele. No entanto, a diferença entre ambos os estados de ânimo é profunda. Enquanto o medo paralisa, a cautela induz à reflexão mas não exclui a ação; enquanto o medo isola, a cautela protege; enquanto um cega, a outra aprofunda a visão e permite julgar as situações com maior clareza.

A volta do homem que partiu é o cenário perfeito para afastar o medo, mas também para pôr em prática toda a nossa cautela. Depois de longos meses de sofrimento e de recuperação, uma nova etapa se abre diante de nós. Ele está ali, no umbral, à espera de um convite para entrar. E você é a única pessoa apta a realizar esse convite.

Por isso, se você decidir abrir a porta e deixá-lo entrar, se assegure antes que ele cumpra os requisitos mínimos para cruzar o umbral. E uma vez que ele entre e até que você tenha certeza de quais são os seus sentimentos e quais são os dele, mantenha a cautela e não baixe a guarda.

Logo haverá tempo para baixá-la.

Sinais para desconfiar e sinais para sair correndo

Bem, já estamos aqui. Você finalmente abriu a porta. Escutou, perdoou e decidiu dar essa nova oportunidade a ele.

É a cereja de um bolo que demorou vários meses para ser assado, um bolo elaborado à base de trabalho, dor, sacrifício pessoal e autocontrole. Você realizou um trabalho duro, mas conseguiu o prêmio que cobiçava e agora quer desfrutar da vitória e se sentar, por fim, para descansar.

A pergunta-chave é se isso é possível; e a resposta correta é *não*.

A menos que você seja um desses seres ingênuos sempre dispostos a ser atingido (o que significa que você não aprendeu ainda qual é a essência do método Parker), eu tenho certeza de que entenderá que a virtude da cautela deve ser mantida por um tempo prudente depois de ter aberto a porta. Certamente, você já seguiu todos os passos indicados: conversou com ele, perguntou sobre os motivos do retorno, escutou e analisou as explicações dele e, depois de tudo isso, decidiu deixar que ele entrasse outra vez em sua vida.

Mas isso não é o suficiente. Porque ainda que o fato de vê-lo suplicando talvez tenha deixado você deslumbrada, houve um tempo em que esse homem fez o contrário do que você esperava. Houve um tempo em que ele lhe deu explicações e fez promessas com o mesmo fervor que demonstra agora, quando está batendo de novo à sua porta.

Portanto, pense nisso e antes de mergulhar de novo nessa piscina, aguarde para ver o que espera por você no fundo dela. A melhor maneira de fazer isso, na verdade, a única forma, é ficar atenta aos sinais que cedo ou tarde o homem que partiu emitirá. Esses sinais podem ser tranqüilizadores, podem incitar a desconfiança ou podem convidar você a sair correndo. A missão de uma garota Parker, nessas circunstâncias, é estar atenta, captar os sinais, decifrá-los e agir de acordo com os resultados.

Qualquer mulher pode decifrar sem esforço os sinais tranqüilizadores. Nem todas, no entanto, notam com a mesma facilidade os sinais para desconfiar, e algumas sequer chegam a ver aqueles que convidam a sair correndo. É muito difícil, para não dizer impossível, elaborar um manual de sinais que sirva para todos os casos e meça todas as situações. Porque cada mulher, cada homem e cada relação é uma história única e diferente e, portanto, deve ser analisada. O que pode ser sinal de esperança num homem pode ser suspeito noutro.

Se o homem que abandonou você costumava telefonar todos os dias e agora telefona só duas vezes por semana, é possível que ele não esteja tão convencido de voltar como assegura. Por outro lado, se ele costumava telefonar somente uma vez por semana e agora telefona três vezes, evidentemente há algo que foi se intensificando com a sua volta. Da mesma forma, se ele era avesso a falar dos sentimentos dele e, agora, se esforça sinceramente para expressá-los, se nunca demonstrava curiosidade pelos seus projetos e agora tenta participar deles, se sempre colocava os interesses dele na frente dos seus e agora tenta compatibilizá-los, provavelmente sua intenção em refazer a relação seja sincera.

E o que dizer dos sinais para suspeitar? Depois de vários meses de análise e de introspecção, uma garota Parker deveria saber perfeitamente que comportamentos e problemas minaram a relação e que tipos de atitude ela não está disposta a deixar que entrem novamente na sua vida.

Se todos esses comportamentos que a machucaram e a fizeram sofrer começaram a se repetir tão logo ele cruzou a porta, você pode começar a se preocupar. Se o irritante costume de não responder suas mensagens ou telefonemas ressurge no mesmo mês que ele retornou para a sua vida, ative o alerta. Parece um detalhe pouco importante, mas não é. Da mesma forma que também não deveria ser para ele o fato de você não fazer o mínimo esforço para corrigir ou amenizar comportamentos ou atitudes que construíram o caminho do rompimento. Não, definitivamente, não se trata de detalhes sem importância. São sinais que evidenciam uma falta de disposição para reconstruir a relação com bases sólidas.

Como costumava dizer minha tia-avó Sarah, no final, tudo se resume a uma questão de expectativa. Se este homem profundamente arrependido e, digamos, de novo apaixonado por você, não tem vontade de corrigir sua rispidez agora que acaba de regressar, o que ocorrerá daqui a dois anos? E dez? E vinte? Você será capaz de agüentar esse comportamento daqui a dez ou vinte anos? O que ocorrerá quando esse amor febril que você sente se transformar em algo mais civilizado? Poderá suportar ou sua vida se transformará numa sucessão de discussões, reprimendas e amarguras?

O amor, como disse ao longo desse livro, é uma força poderosa. Mas nem sempre é suficientemente forte para suportar todo tipo de adversidades, especialmente quando elas são percebidas por uma das partes como sendo desinteresse ou desconsideração. Por isso, mais uma vez, fique atenta aos sinais. Seja construtiva, mas também seja realista. E não deixe que o amor impeça você de ver com clareza.

Dê-se um tempo, não há pressa para sentar e descansar, afinal, ele também fez o mesmo.

Um pequeno castigo

Minha tia-avó Melania, que morreu de sua sétima pneumonia enquanto preparava sua última festa de aniversário, me disse uma vez que a diferença entre o castigo e a vingança é a raiva. "Se não há raiva, mas unicamente a vontade de corrigir um comportamento, é um castigo, querida; se existe raiva, é sem dúvida uma vingança."

Uma manhã, enquanto tomávamos o café-da-manhã no jardim de sua bela casa no vale de Franschhoek, na África do Sul, e eu untava pacientemente uma torrada atrás da outra, me contou que nenhuma das mulheres de sua família jamais havia levantado a voz para repreender os seus. "Sua bisavó Parker franzia um pouco a sobrancelha direita quando estava furiosa de verdade. Ela costumava dizer que a mãe dela considerava aquela sobrancelha como uma afronta à educação que havia lhe dado. Ela lutou durante anos contra aquele músculo rebelde, mas nunca conseguiu dominá-lo. A velha Hanna, babá de seu pai, estava convencida de ter visto sua bisavó entrar na eternidade movendo freneticamente a sobrancelha direita", me explicou a tia-avó Melania.

O fato é que, apesar de os Parker terem sempre considerado a falta de controle como um símbolo de fraqueza e de falta de civilidade, a diferença entre o castigo e a vingança é muito mais do que uma nuance. Além de ter como objetivo o desejo de corrigir um comportamento, o castigo pode também desempenhar outras funções. Para uma garota Parker que está vivendo a experiência de ter, de novo, na sua porta o homem que a abandonou, o castigo pode ser uma forma de comprovar quão fortes são as intenções e os sentimentos dele.

Dessa forma, o período de castigo recomendado pelo método Parker não tem como objetivo ferir nem corrigir: busca somente comprovar.

Como levar a cabo esse objetivo? As mulheres das comédias do cinema dos anos 30 são verdadeiras mestras nessa arte. Uma Mirna Loy ou uma Claudette Colbert sabiam perfeitamente – na ficção, obviamente – como se comportar nesse tipo de situação. Observá-las não significa somente desfrutar de uma fabulosa sessão de cinema, mas aprender, aprender muito. Como elas, uma garota Parker deve enfrentar o período de castigo com leveza, otimismo e bom humor. Não se trata de abrir a porta e manifestar suspeita; se trata de abrir a porta, sorrir e encher a entrada de pequenas pedrinhas que permitam investigar até que ponto o homem que partiu está disposto a desviar dos obstáculos para voltar.

No fundo, se você pensar bem, é uma atitude benéfica para ambos. Para você, servirá para descobrir se ele está preparado para reiniciar a relação. Para ele, para se pôr à prova e comprovar se seus sentimentos são firmes.

Um bom período de castigo é uma experiência divertida e excitante. É fazer do reencontro com o homem que partiu um novo encontro; é tratar ele como trataria um novo homem na sua vida; é tatear, pôr à prova; é jogar um pouco com ele.

E é, finalmente, fazer isso sem rancor nem desejo de ferir. Porque, não se esqueça: castigar não é sinônimo de vingança. E se você precisar de vingança, é porque algo foi mal no seu processo de recuperação.

Ou, talvez, você ainda não tenha se recuperado. Pense nisso.

Flores não bastam para uma garota Parker

"Dolly não passou por nenhuma fatalidade em sua vida e por isso não faz outra coisa senão perder tempo", afirmava com humor a escritora Anita Loos em seu célebre livro *Os homens preferem as loiras*, publicado em 1948. Na realidade, e pese o que pensam milhões de mulheres, perder tempo – esse pecado do qual Loos fala – não é o maior risco que uma mulher enfrenta, por mais que tenhamos escutado o contrário durante séculos. O verdadeiro risco que corre uma mulher (e, certamente, também um homem) é se enganar ao escolher seu par e errar pela segunda vez ao voltar para ele. Essa é a razão pela qual o método Parker propõe a cautela como a primeira das virtudes a ser praticada por uma garota Parker ao voltar para o homem que a abandonou. E é a explicação do motivo pelo qual esta obra insiste tanto nesse ponto.

Depois do período de castigo, essa etapa na qual um termômetro interior vai ajudá-la a medir a intensidade dos sentimentos do homem que partiu, chega o momento de derrubar todos os muros e de acabar com quase todas as barreiras. É uma condição indispensável para dar uma nova oportunidade à relação, porque não tem sentido aceitar reatar com o homem que partiu se você não está disposta a confiar nele e no futuro dessa união.

Pois bem, o "quase todas as barreiras" que acabamos de mencionar tem uma razão de ser. A confiança num casal que dá certo deve ser plena, deve constituir o primeiro cimento sobre o qual se ergue todo o restante da construção. Mas seu casamento – você não deve esquecer esse pequeno detalhe – até ontem não era desse tipo que dá certo. O casal que vocês formavam, você deve reconhecer, era um desses que se separa. Assim, talvez a confiança plena seja um objetivo que você deve buscar com prudência, por mais ilusão que sinta e por mais vontade que você tenha de esquecer o passado.

Sim, é uma carga pesada e pode até lhe parecer absurda. Não terminará nunca a obrigação de agir com cautela? Até quando é preciso dormir de olhos abertos? Não será a desconfiança um novo estímulo para destruir a relação?

"Não posso suportar isso", me explicou Casilda, uma professora que entrevistei durante os meses em que reuni casos para escrever este livro. Havia seis meses que Casilda tinha reatado com seu companheiro, um homem que ela abandonara porque ele colocava o trabalho sempre e invariavelmente em primeiro plano.

Durante os cinco anos que durou o romance, o companheiro de Casilda desmarcou jantares, chegou tarde aos encontros, cancelou férias, adiou decisões no afã de dedicar toda sua energia ao trabalho. "Esquecia-se de mim, não lembrava que havia ficado de me pegar e sequer telefonava para avisar. Sempre havia algo e, às vezes, esse algo era uma reunião social com o pessoal da empresa", explicou Casilda. Depois de dois anos de separação, período em que ela teve um namorado casual, ele pediu para reatar. Jurou que havia mudado, disse que tinha compreendido quais eram as prioridades dele, explicou que o trabalho era muito importante para ele, mas que entendia que havia perdido o equilíbrio entre a vida pessoal e a profissional.

No primeiro mês, manteve as promessas; no segundo, também; no terceiro, elas caíram por terra escandalosamente. "Começou de novo a sair do trabalho à meia-noite. No princípio, me disse que era algo esporádico, depois, se tornou norma. Cada vez que eu reservava uma mesa num restaurante, ele chegava uma hora atrasado. Voltou a se esquecer de telefonar quando não podíamos nos encontrar. Se arrependia no dia seguinte, mandava flores, mas isso não me bastava, Penélope."

Não, para Casilda as flores não bastavam. E para você, bastariam?

É devido a histórias como essa que o método Parker propõe reiniciar a relação com o espírito de um período de prova, uma atitude que não significa necessariamente um sentimento de desconfiança, mas de vigilância. O período de prova permitirá a vocês dois entrarem de novo na relação sem sobressaltos e com tranqüilidade. E você o fará sem que isso suponha de modo algum uma perda de tempo.

Porque o pior risco para uma mulher, sendo uma garota Parker, você já sabe, não é perder tempo, mas sim cometer um equívoco.

E porque, para você, provavelmente,
tampouco bastam as flores.

CAPÍTULO 12

Sei que amo J. e sei que preciso dele para ser feliz. Não para me divertir, certamente. Você sabe que me divirto de um modo atroz sem ele. Mas para ser feliz. A felicidade de vegetar ao sol, a tranqüilidade, a estabilidade.

Carta de MELANIA PARKER
para SARAH PARKER

SIM, O SEGUNDO TEMPO FUNCIONA

TODOS NÓS TEMOS NOSSOS pontos fracos. Para alguns, são as crianças, para outros, as viagens, a literatura ou a arte. Eu tenho esses quatro pontos fracos e mais um: minhas tias-avós. As tias-avós Parker, algumas cujos conselhos e histórias fazem parte deste livro, foram minha inspiração desde criança. Elas são maravilhosas, esplêndidas senhoras das quais falava nos primeiros capítulos. Da África do Sul aos Estados Unidos e da Índia ao Canadá, as mulheres Parker sempre tiveram a casa aberta, uma conversa interessante ou um conselho, geralmente não solicitado, mas impagável. Devo a elas esse sentido de tribo que ao longo de gerações fez os Parker fortes. Também devo a elas minha firmeza, essa sensação de que haja o que houver, para o bem e para o mal, eu navego meu próprio barco.

"Quando éramos crianças, pensávamos que nunca cresceríamos. Acreditávamos que éramos eternos, brilhantes e perfeitos", escreveu em seu diário minha tia-avó Melania pouco depois de completar a venerável idade de treze anos. Claro, ela não foi eterna – morreu faz apenas três anos – mas, ao menos para mim e para o restante da família, foi sempre brilhante e perfeita. Audaz, inteligente e sofisticada, a tia-avó Melania assegurava que todos os seus admiradores haviam morrido com o nome dela nos lábios. Na juventude, montava a cavalo sem sela, fumava em público e pintava os lábios de um vermelho denso. Ainda que estivesse profundamente apaixonada pelo homem com quem se casou, passou por mais de uma dificuldade para manter o casamento. Mas, é claro, jamais reconheceu isso para ninguém.

"A querida Melania foi e voltou várias vezes no mesmo período de tempo em que os demais somente tinham ido", me contou numa noite a tia-avó Sarah, enquanto se servia a terceira taça de licor de groselha sob o velho carvalho do jardim de sua casa de Connecticut. O marido da tia Melania era um homem encantador, mas também era um jogador. “Viviam uns seis meses separados a cada qüinqüênio, ainda que sob o mesmo teto, naturalmente. Ele sempre conseguia convencê-la de que tudo havia sido um erro e que deveriam tentar de novo. Ela cedia, sempre cedia.”

– Houve outras mulheres? – perguntei nesse dia à tia-avó Sarah.

– Querida, se vê que você não conheceu Melania quando jovem. Com ela num cômodo, o restante das mulheres não existia. Não, não havia outras mulheres, mas havia cavalos, E entre um cavalo e ela, é horrível dizer, ele escolhia sempre o cavalo.

As separações periódicas da tia Melania acabaram num belo dia quando, depois de vinte anos de casados, ela se apaixonou pelo professor de pintura e decidiu abandonar o marido. “Ele suplicou para que ela não o abandonasse, jurou que deixaria o jogo, jurou que faria o que ela quisesse. E, mais uma vez, a convenceu”, explicou tia Sarah.

Ainda que ninguém na família acreditasse nas promessas de reabilitação daquele desastre encantador, a partir desse dia o casamento de Melania mudou para sempre e a família deixou de receber as notícias periódicas de suas separações. “Ele não voltou a jogar. Sofreu tanto com a possibilidade de perdê-la que escolheu para sempre entre suas duas paixões. Como meu pai costumava dizer, nesse dia, Melania Parker venceu o dérbi definitivamente.”

A vitória de Melania sobre o mundo eqüino é a prova palpável de que o segundo tempo sentimental pode ter êxito. Como qualquer outra mulher na mesma situação, minha tia-avó teve de suportar vozes de todo tipo que a advertiram de que dar uma segunda chance nunca é bom e de que as pessoas jamais mudam. As mesmas que você deve ter escutado mais de uma vez ou terá que escutar quanto tomar a decisão de voltar para o homem que a abandonou e decidir comunicar a notícia à família e aos amigos.

São conselhos bem-intencionados, motivados pelo medo de que voltem a fazer você sofrer, mas são somente isso, conselhos, e você deve ter presente que é livre para aceitá-los ou ignorá-los.

Finalmente, a pessoa que vai viver ou banir definitivamente essa história de amor de sua vida é você mesma. Você é quem se arrisca, quem pode fracassar ou ganhar.

Não deixe que os outros tomem decisões em seu nome. Afinal, ninguém apostava na vitória eqüestre de Melania Parker.

Ninguém, exceto ela mesma, é claro.

Lições que se aprendem e lições que são esquecidas

O bom e o ruim de ter sobrevivido a uma separação e de ter conseguido recompor a relação é que aprendemos muitas coisas pelo caminho e esquecemos muitas outras. A reflexão que acompanha o processo de rompimento e recuperação é um magnífico campo fértil para entender qual foi a contribuição, sua e do homem que partiu, para a separação. Mas, ao mesmo tempo, a euforia que sucede a recuperação se transforma num terreno perfeito para enterrar essas descobertas.

Ao longo de minhas viagens e minhas conversas com mulheres abandonadas de todo tipo e condição, cheguei à conclusão de que a coincidência entre esses ensinamentos e esses esquecimentos é assombrosa. Quase todas as mulheres afirmam ter aprendido a mesma coisa e quase todas coincidem também ao definir o que depois foi esquecido.

Como me disse uma amiga certa vez, a primeira lição que se aprende depois da separação é que o excesso de dependência não somente mata o amor, mas destrói a autoestima e dificulta extraordinariamente a recuperação. Uma das grandes premissas que abrem caminho à recuperação depois de um rompimento amoroso é a consciência de que se deve voltar a ser a pessoa que se era antes que essa relação e suas dificuldades monopolizassem toda a atenção. "Tenho que ter mais vida própria, manter meus amigos, ter meus próprios projetos e deixar de viver somente atrás dele", dizem seguidamente as mulheres nessa situação, conscientes de que a dependência exagerada arruína suas personalidades e torna a vida delas insignificante.

Nesta espécie de ranking de ensinamentos, ao excesso de dependência se segue o excesso de discussões. Quando as mulheres abandonadas saem dessa espiral de dor causada por uma relação que caminha para a separação, costumam descobrir com surpresa que aquilo que elas consideravam normal era, na realidade, um verdadeiro inferno. Descobrem que as discussões terminaram por se transformar em norma e não na exceção e que, muitas vezes, essas discussões foram fruto da frustração e da decepção que a relação produzia no casal. "Às vezes, discutir era para mim a única forma de arrancar uma reação dele, de fazer com que falasse dos sentimentos", me disse uma das mulheres que entrevistei.

O abuso do drama e dos ciúmes injustificados também faz parte do livro de ensinamentos das separações. Às vezes, são necessários vários meses de separação para a mulher abandonada perceber como é humilhante viver uma relação na qual há suspeita, perseguições, interrogatórios e na qual seguidamente se passa recibo em busca de indícios de traição. É então que percebemos que o amor dramático é bem menos eficaz para manter a relação do que a leveza e as doses de humor. "Um dia um amigo me disse que as coisas não iam bem porque eu era muito intensa. Então me dei conta que eu enfocava minha vida como uma espécie de Emma Bovary e, bem, você já sabe o que aconteceu com ela", me disse outra das mulheres com quem falei durante o tempo em que preparei este livro.

Até aqui, vimos as lições que se aprendem.

Mas, o que dizer das lições que são esquecidas?

As lições que as mulheres abandonadas esquecem podem ser resumidas numa só: a necessidade de manter o equilíbrio entre a individualidade e a comunidade, entre a vida pessoal e a vida em comum com o homem com quem se relaciona.

Parece uma lição simples, mas não o é em absoluto. Durante os primeiros meses depois da reconciliação, é fácil lembrar; quando passou um ano, poucas mulheres conseguem formular essa lição sem hesitar. Manter a individualidade não significa desconfiar, não se entregar ou se manter em estado de alerta. Manter a individualidade é preservar aquilo que faz de cada pessoa diferente e única, aquilo que fez o homem com quem você está se sentir atraído por você, aquilo que seus amigos, colegas de trabalho e sua família apreciam, nem mais nem menos.

Perder tudo isso é como reconhecer que nada do que você é tem o menor valor. Preservar não é somente uma questão de auto-estima, é sobretudo uma questão de sobrevivência.

Cuide de tudo aquilo que faz de você a pessoa que é.
Se você mesma não cuidar, acredita que alguém o fará?

Seis erros gritantes

Os velhos hábitos são difíceis de abandonar. Com o mesmo entusiasmo das criancinhas quando estréiam um caderno novo, as mulheres que dão uma segunda oportunidade a seus companheiros começam suas aventuras carregadas de bons propósitos. Elas têm bem frescos na memória os erros que levaram a primeira tentativa ao desastre; sabem o que fizeram mal e o que fizeram pior ainda; sabem também no que ele falhou e sabem em que medida as circunstâncias contribuíram para o fracasso da relação. Sabem e estão dispostas a não esquecer. Mas, como expliquei há pouco, quase sempre terminam esquecendo.

Começam, então, a aparecer em cena seis erros clássicos que a maioria das mulheres acaba cometendo cedo ou tarde. Seis erros graves e nefastos. Seis erros, no entanto, que se forem identificados a tempo podem ser prevenidos e eliminados convenientemente.

1. *Entusiasmar-se antes do tempo*

"O entusiasmo é a força que realiza todos os milagres ao longo dos tempos", dizia Amos Bronson Alcott em seus *Adágios Órficos.* Seguramente tinha razão, mas a pureza de princípios pregada pelos transcendentalistas não é uma boa bagagem para uma mulher envolvida na reconstrução de uma relação que fracassou. Da lista de erros possíveis nessas circunstâncias, se deixar levar pelo entusiasmo antes do tempo é o primeiro e o mais grave, porque dele costumam derivar todos os demais.

Ainda que a mulher que retorna para o homem que a abandonou no princípio se revista de uma armadura de precaução, em poucos meses (ou até mesmo em semanas) poucas a conservam intacta. Adiantar os acontecimentos, fantasiar sobre a felicidade presente e futura, fazer planos e mais planos, tudo isso é sintoma de ter caído nos braços de um entusiasmo desmedido. Como evitar que isso ocorra? A resposta é a de sempre: com uma férrea autodisciplina.

Manter a mente sob controle, essa é a
virtude clássica das garotas Parker.

2. *Isolar-se do mundo*

A mais imediata das conseqüências nefastas do entusiasmo prematuro é a tendência a se isolar dos amigos e dos conhecidos. Mais uma vez, no começo muitas das mulheres que voltam com o homem que a abandonou têm o cuidado de reservar alguns dias da semana para encontrar as amigas. Pouco a pouco, à medida que passam as semanas e a ilusão aumenta, esse propósito começa a ser uma obrigação e, em breve, uma pesada carga.

Nesses momentos, começa a funcionar a máquina de desculpas: do jantar com drinques se passa ao jantar sem drinques; desse ao café, do café ao lanche e, finalmente, a norma é um simples e rápido encontro mensal. Sim, é difícil resistir à tentação de transformar a volta do homem num refúgio exclusivo, mas lembre que também foi duro descobrir, quando ele abandonou você pela primeira vez, que muitas de suas amigas já não estavam perto quando você mais precisou.

Tenha presente na memória quanto custou voltar a cultivar essas amizades e irá obter a força necessária para dedicar aos amigos o tempo que eles merecem.

3. *Abandonar seus* hobbies

Antes, você dedicava as manhãs de sábado para ir às compras, jogar tênis com os amigos, passear ou procurar livros em antigas livrarias. Saía para conhecer novos restaurantes, fazia viagens, praticava golfe e ioga. Agora o tempo voa e tudo é feito em dupla, incluindo os *hobbies* masculinos que ele, ao contrário de você, não quis abandonar.

Claro que, de vez em quando, você ainda dedica tempo às suas inquietações, mas esse tempo sempre coincide com as ausências dele, com os jantares de trabalho, com seus encontros para assistir ao futebol. E assim, pouco a pouco, e quase sem se dar conta, seus interesses terminam presos à chave no baú das lembranças.

E o que é pior: com isso, seus argumentos e sua visão de mundo ficam mais limitados.

4. *Ceder sempre aos planos dele*

Quando foi a última vez que você insistiu para que ele a acompanhasse num programa e abandonasse, em troca, os próprios planos? Não lembra? Talvez seja porque nunca foi uma conduta habitual. No final de semana, você queria aproveitar o tempo para fazer uma limpeza e colocar os armários em ordem, mas ele tinha que levar o carro para a oficina e fazer uma série de outras tarefas. Uma amiga que você não encontrava fazia tempo a convidou para ir até a casa dela, mas ele tinha entradas para um show do grupo preferido dele. Pensava em ir às compras com sua irmã, mas ele precisava urgentemente de um terno novo e sem você não é capaz de comprar nada.

As situações são variadas, a conclusão é universal: a mulher apaixonada acaba antepondo os interesses do homem aos próprios.

É difícil admitir, ela nega para si mesma, mas é assim.

5. *Estar muito preocupada com a relação*

Você é feliz? Está bem? Alguma coisa vai mal? Em que está pensando? Com quem você vai ficar? Certamente, algumas dessas perguntas lhe são familiares e você sabe, antes que eu diga, que não deve fazê-las. São perguntas que ficam bem na adolescência, até mesmo na primeira juventude, mas, a partir dos trinta anos, devem ser banidas por completo do vocabulário.

Na realidade, a melhor forma de perceber como essas perguntas são irritantes e absurdas é ter vivido uma relação com uma pessoa que em algum momento nos submeteu a elas. Além de demonstrar uma profunda e inquietante insegurança, encurralar o outro com interrogatórios desse tipo enfraquece a relação e produz tédio e rechaço.

Além disso, ao fazer tais perguntas, você manifesta que não se sente digna de suscitar o amor do homem com quem está. Na verdade, o que diziam nossas avós sobre a conveniência de manter o mistério no amor tem aqui muito de verdade. Não no sentido de transformar a relação num campo de manobras e artificialidades, mas de manter viva no coração do outro a sensação de que o amor que recebe é um bem valioso que deve ser aproveitado, e que também é preciso merecer e manter.

É por isso que se despreocupar um pouco com a relação, ou seja, deixar de ser obcecada com a idéia de saber se o homem sente ou não sente o que nós queríamos que ele sentisse, é uma das chaves para fazer do retorno um êxito.

6. *Transformar a volta numa questão de vida ou morte*

Aquele que se empenha, fracassa, dizia Lao Tsé, conforme já vimos. Examinai tudo e ficai com o bom, aconselha São Paulo. As garotas Parker assimilam e aplicam tudo o que recebem ou que as enriquece, ampliam e aprofundam seus pontos de vista, mas não insistem em seus projetos além do razoável.

Fazer do sucesso da retomada da relação o objetivo último da sua vida significa colocar um nível de pressão nessa experiência que não poucas vezes acaba com ela. Reatar e fazer desse regresso uma relação estável e feliz é uma meta importante que requer esforço, respeito, paciência e amor. Mas jurar para si mesma que se esse objetivo não for alcançado a vida deixará de ter sentido não passa de voltar a repetir, um a um, os erros do passado.

Olhe para frente, então. Aproveite, relaxe e tudo sairá bem. E se não acontecer, você deve se dar valor e seguir em frente.

Até ficar com o verdadeiro, o bom e o valioso.

O grande segredo Parker

Nos finais de semana, especialmente quando chega a primavera e é possível deixar as janelas da sala abertas para o jardim, preparo dezenas de coquetéis para os convidados que lotam de vez em quando a velha casa dos Parker. Minha habilidade com a coqueteleira tem uma explicação. No Natal de 1998, conheci um cubano idoso que era barman num antigo hotel da Hungria. Ele ainda se lembrava do tempo que a sua antiga pátria era a Riviera do Caribe. Chamava-se Mario e foi ele que me ensinou a misturar as bebidas com o mesmo cuidado que um pintor mescla as tintas. Devo a ele, por exemplo, o fato de ter me transmitido a verdadeira sabedoria que está por trás de um bom daiquiri.

Na noite de final de ano, ele me contou a história do amor da vida dele. Explicou-me que, quando era jovem e vivia na ilha, se apaixonou e se casou com uma mulher em Havana. No princípio, foi muito feliz. Mas, pouco tempo depois de iniciar o convívio, ele percebeu que havia cometido um erro, o qual confirmava diariamente por meio de gritos, discussões, lágrimas e batidas de portas. "Nossa vida era um inferno. Eu passava mais tempo no bar do que com minha mulher, ainda que seguisse apaixonado por ela; ambos estávamos apaixonados."

Ao longo das décadas seguintes, Mario e a mulher tentaram se reconciliar várias vezes. Ano após ano, se juntaram e se separaram. Mas só foi na primavera de 1975 que conseguiram se perdoar definitivamente. "A partir de então passei os anos mais felizes da minha vida, mas ela se foi muito cedo", ele me disse naquela noite, com lágrimas nos olhos. "Ainda me atormenta o fato de ter descoberto o segredo muito tarde. Se tivéssemos sabido antes, quanta felicidade nós teríamos deixado de desperdiçar."

– O segredo? – interroguei com estranheza enquanto tentava superá-lo misturando uma dose de genebra com três de vermute e acrescentando umas folhas de aneto. – A que tipo de segredo você se refere?

E então, se aproximando de mim através do balcão, me disse:

– O segredo de uma reconciliação, senhorita, o segredo do amor eterno, o segredo de aprender a não olhar nunca para trás, exceto para lembrar a si mesmo (sobretudo nas épocas difíceis) as razões pelas quais nos apaixonamos pela pessoa com quem vivemos.

– Simples assim? – respondi, um pouco decepcionada.

– Simples assim? – me disse, sorrindo. – Complicado assim, senhorita. Você é muito jovem ou saberia como é duro. É a coisa mais difícil do mundo, eu garanto. Mas nos momentos críticos é o que funciona.

Talvez Mario tivesse razão, ou talvez exista outra fórmula. Mas, em todo caso e seja qual for essa fórmula pessoal que cada um decidir empregar, há uma coisa certa: não se pode coroar uma reconciliação se o caminho rumo a essa meta não parte do perdão. Aparentemente é simples, é um princípio batido, uma velha fórmula que todos conhecemos. Aprendemos com nossos pais, ensinamos a nossos filhos. Mas não se engane, se trata de uma simplicidade aparente. Porque ainda que o perdão seja o único que funcione, como dizia o velho Mario, a verdade é que é extremamente difícil conseguir perdoar.

Agora que estamos chegando às páginas finais deste manual, talvez seja o momento de parar com os panos quentes e sentimentalismos que ainda persistem na sua mente e de enfrentar de uma vez por todas uma realidade: sua relação, seu casamento, seu namoro não funcionará jamais se você não conseguir perdoar seu companheiro e se ele não consegue, ao mesmo tempo, perdoar o que acha que deve perdoar em você. E, acredite, quando no método Parker se fala de perdoar, não falamos de algo cômodo e difuso. Não falamos dessas meias-tintas do perdão que todos conhecemos e que se resumem ao princípio que diz "perdôo mas não esqueço".

Quando falamos de perdoar no método Parker, falamos do verdadeiro perdão. Falamos do perdão profundo, desse perdão que apaga e que cura, que não admite panos quentes, que não aceita arranjos; que é duro e que é difícil. Falamos de um perdão generoso, regenerador, profundo e construtivo. Que apaga o passado e que é capaz de enfrentar o futuro com as mãos, a mente e o coração limpos.

Você está preparada para conceder um perdão desse tipo? E quanto ao homem que partiu e que agora está de novo junto com você? Medite, medite com calma; medite junto com ele e medite sozinha.

E lembre que mesmo sendo muito difícil,
é a única coisa que funciona de verdade.

Uma receita milagrosa chamada rompimento

Ainda que à primeira vista pareça um recurso infantil, há pessoas que precisam ser abandonadas ou perder aquilo que possuíram para apreciar realmente o valor do que foi seu. Como no caso do perdão, é um velho mecanismo que muitas de nós conhecemos. Mas, diferentemente do perdão – que nunca é isento de dificuldade, por mais que se pratique –, há pessoas que, quando se tornam adultas, aprendem a amar o que têm sem a necessidade de perder antes.

Nem todas, no entanto, têm tanta sorte.

Quando comecei a escrever este livro, estava perfeitamente consciente de que uma boa parte das leitoras a quem estava destinado faria parte deste grupo de pessoas que precisa de um puxão de orelha para valorizar os homens que elas amam, a si mesmas e suas vidas. Eu sabia que muitas das minhas leitoras certamente terminariam descobrindo que em, certa medida, elas também colaboraram com um grãozinho de areia para precipitar a separação. Imaginava que o método Parker não seria lido e praticado apenas por mulheres abandonadas que haviam estado apaixonadas até a raiz do cabelo, mas também por aquelas mulheres adormecidas em suas relações, a quem somente o som da batida da porta se fechando com a partida do homem de suas vidas havia conseguido despertá-las.

Conheci pela primeira vez uma dessas mulheres no último dos verões da minha infância em Saint Yves. Quando tinha oito anos, estava sob os cuidados de uma babá irlandesa e passava boa parte do dia brincando com ela nos recantos do enorme e selvagem jardim da minha avó materna e na praia que ficava atrás dos muros da casa. A babá era uma garota de apenas vinte anos, que da minha perspectiva infantil encarnava a beleza mais absoluta. Nós duas passávamos tardes inteiras catando conchas e enfeitando nosso cabelo com elas, o dela muito mais longo do que o meu, tanto que lembrava o das heroínas dos contos de fada das velhas ilustrações de Rackham e Lefler. Como Rapunzel, por exemplo.

Minha babá Rapunzel tinha dois namorados no povoado, um peculiar acordo que tanto minha avó como eles ignoravam. Quando eu perguntava qual dos dois ela preferia, ela ria e sempre respondia o mesmo: "Não sei, minha querida, acho que os dois". E parecia que era verdade, até o dia em que os dois galãs descobriram aquele jogo e a abandonaram ao mesmo tempo. Nem a severa reprimenda da minha avó ou a saia-justa da situação (os dois apareceram ao mesmo tempo na porta da casa) conseguiu arrancar de seus olhos uma só lágrima. Mas duas semanas depois do incidente, a encontrei sobre a cama chorando com um desespero tal que cheguei a pensar que explodiria na minha frente.

Assustada, avisei minha avó, que foi encarregada de consolá-la e de fazer com que confessasse o motivo de suas lágrimas. Não chorava de vergonha nem de arrependimento. Não chorava por ter sido surpreendida naquele jogo duplo nem por ter traído a confiança da minha avó. Chorava unicamente porque tinha descoberto que estava apaixonada por um dos homens que a abandonaram. Tinha descoberto isso muito tarde e por isso se sentia tão infeliz.

Felizmente, a juventude do interessado e a habilidade diplomática da minha avó rearranjaram a situação, e em pouco tempo nossa babá voltou a sorrir de novo. E, desta vez, de um modo diferente e com uma felicidade muito mais profunda e verdadeira.

Três anos depois daquele verão, recebi uma carta dela na qual contava que acabara de se casar e que era muitíssimo feliz. "Quando você crescer, Penélope, talvez descubra que, às vezes, é preciso perder o homem que se ama para perceber que só ao lado dele você pode ser feliz", me aconselhou na carta.

E, claro, anos depois e como muitas outras mulheres, eu descobri.

O tipo de mulher que minha babá encarnava naquela época é um grupo especialmente favorecido para encontrar a felicidade com o método Parker. Todas elas são mulheres que retomam relações que fracassaram alguma vez porque não souberam ou não puderam valorizar e cuidar do amor que tinham. Esse tipo de garota Parker se torna muito consciente de quais foram as razões do fracasso e por isso reinicia a relação amorosa com ilusão e com grandes doses de energia. Pode-se dizer que é uma experiência destinada ao êxito. E funciona, claro que funciona. Este livro contém vários testemunhos que demonstram até que ponto funciona.

Apesar disso, não é o único modelo de volta que dá certo. Se você chegou até estas últimas páginas, sabe melhor do que ninguém que cada garota Parker tem sua própria história. Às vezes, são histórias de inconsciência; noutras, são histórias de incompreensão, de incompatibilidades e até de incomunicação. E, como também vimos nesta obra, há vezes em que são histórias destinadas ao fracasso e que, por isso, não merecem o esforço e o preço que é preciso pagar para reconstruí-las.

Todas essas histórias e, com elas, todas as garotas Parker que as protagonizaram têm algo em comum: a coragem que caracteriza as pessoas que não se deixam vencer pelos fracassos. A grande moral dessa história, se é que podemos tirar alguma, é que as garotas Parker sabem que a vida é uma longa sucessão de contrariedades e de oportunidades. Mas sabem, além disso, que enquanto com as contrariedades não se pode fazer mais do que as enfrentar com coragem, as oportunidades precisam ser agarradas pelo pescoço da mesma maneira que Nils Holgersson se agarrava a seu ganso.

Essa força é o maior tesouro de toda garota Parker. É, por assim dizer, seu selo de identidade. É a razão que explica porque as garotas que seguiram o método Parker dominam uma arte que o restante das mulheres ignora: conseguir que os homens, sejam como forem, façam o que fizerem e estejam onde estiverem, sempre voltem.

"O destino move os fios, mas nós jogamos as cartas", dizia William Shakespeare.

Uma garota Parker, aposto que você já sabe, tem sempre as melhores cartas.

E, claro, jamais se esquece de guardar
um "ás" na manga.

Epílogo

Benito Parker ronrona na minha cabeça enquanto escrevo as últimas páginas deste livro. Como todos os Parker, Benito também militava no universo das listas. No seu caso, as listas giravam em torno dos horários matinais dos membros da família, a quem pedia todos os dias e separadamente uma contribuição ao seu café-da-manhã num brilhante plano destinado a multiplicar a comida até o infinito.

Um plano perfeito, somente descoberto depois de vários anos de bom funcionamento.

Ainda que faça muito tempo que o gato dos Parker tenha nos deixado, ele segue conosco e esteve presente do princípio ao fim desta obra. Está escondido entre as histórias da tia-avó Sarah, aconchegado sob as piadas da tia-avó Melania, sobre cada armário, enroscado em cada perna, querido e mimado em todos os cantos de todas as casas Parker.

Está presente do mesmo modo que estão todos os membros da família que não foram retratados nessas páginas, mas que fazem parte do estranho universo no qual foi produzido este pequeno manual e sem o qual o mesmo não teria sido possível.

É por essa razão que não quero terminar estas linhas sem agradecer a todos os Parker – especialmente aos que estão entre nós, mas também aos que partiram – seus inigualáveis genes, seu apoio, sua influência.

Obrigada também a todas as mulheres que deram sua permissão para serem retratadas neste livro. Obrigada a M. por sua constante ajuda. Obrigada a quem escutou e a quem leu e a quem esperou.

E, obrigada, é claro, a todos os homens: os que voltaram, os que nunca partiram e os que jamais regressaram.

Nova York, 9 de julho de 2006